# 魂の紋章

このデザインは、天と私が交信して降りてきたものです。
あなたの魂の情報を素敵なものに変化させ、
あなたの人生を最高のものにするためのサポートをします。

どうかご自身の魂を感じながら
この紋章に触れてください。
温かさを胸に灯し、安らぐ姿を想像してください。

迷い、惑う、いついかなる時も
あなたを導く道しるべとなりましょう。

# 現実が瞬く間に好転する
# 浄化の力

Reality changes for the better in an instant
"Power of Purification"

沖縄霊能者ユタ
片山鶴子《たづこ》

KADOKAWA

私の左手には、マイナス要因を吸い、
取り除く役割があります。

左ページに私の左手の手形を用意しました。

まずは何も考えず、私の手形に、
あなたの左手をお重ね合わせください。

もしよろしかったら、手を合わせたまま
深く息を吸い、吐いてみましょう。
そして目を瞑《つぶ》り、心の中でゆっくり10まで数えてみましょう。

心が落ち着きましたら、手を離して
次のページをめくってお進みください。

鶴

私の左手はいかがでしたでしょうか。
気持ちが落ち着き、晴れるのを感じるでしょうか……？

**これから、「世紀の大発見」だと自負するほどの**
**とても大切なことをお話しします。**
それは、あなたの人生を一変させるほどの驚異の真実です。

私の思いと言葉を、何ものにも邪魔されずに
クリアに、凛と、まっすぐにあなたに届けたいと思います。
ですから私の左手でまずあなたの抱える
「不安や焦り、心のざわつき」を取り去り、浄化させていただきました。

単刀直入に申しましょう。
この本は「**魂を浄化するための術《すべ》**」をお伝えするものです。
**なぜあなたに「浄化の力」が必要なのか。**

それは、一言で言えば、**魂をあなたの中に戻し、活性化させるため**です。

魂とは、あなたが今世に生まれ変わる前から存在している、
あなた本来の姿です。
魂はあなたがあなたの母のお腹に宿った時にあなたの中に入りました。
魂は〝**あなたを選んで**〟あなたの元に入ったのです。
あなたの元で奇跡を起こし、願いを叶《かな》え、
**あなたと共により良い人生を送るという目的を果たす**ためにです。

本来魂は１００％あなたの中に存在します。
しかし、生きる中で人の悪意に触れたり
避けられない不幸を経験したりなどしますと
魂は疲れ、傷み、汚れてしまうことがあります。
すると、あなたと魂の間に違和感やズレが生じてしまいます。
しだいに少しずつ魂があなたの元を離れ、

「魂が抜ける」状態に陥ることもあります。
魂が１００％に満たしていないと、あなたは元気がなくなっていきます。
**魂はあなたの願いを叶えるという、**
**本来の力を発揮できなくなってしまうのです。**

魂があなたの中に違和感なく、ピッタリと定着すれば
魂は本来の力を１００％解放できるようになります。
そして魂が活性化することであなたの人生は、
「奇跡が起こるのは当たり前」に激変するのです。
**あなたと魂のズレを生む、悪意や心の痛みを取り去り、魂を活性化させること。**
**それこそが「浄化の力」の真髄です。**

私はこの力こそが、数十万年もの間、全人類の悲願であった
「幸福」を手に入れるための術であり
全世界の人々を救う「世紀の大発見」になると確信しています。

だからこそ、一刻も早くお伝えしたくて仕方なかったこの発見を
今こうしてあなたにお伝えできていることが幸せに思えて仕方ありません。

あなたとあなたの魂は、出会うべくして出会っています。

**離してはいけません。離れ離れではいけないのです。**


あなたはあなたの魂を心の底から愛し、信じてあげてほしいのです。

あなたの魂はあなたの幸せを純粋無垢《むく》に、パワフルに願っています。

**「私は私の魂と出会い、共に生きるために生まれてきた」**

**「生まれてきて良かった」**

そうあなたが微笑むために、私も今、全力でこの本を書いています。

これは全人類を救う大発見となるものです。

ついに秘密が解き明かされます。

ぜひこのまま、お読みください。

# はじめに

初めまして、片山鶴子《たづこ》と申します。
ぜひ、「たづさん」と呼んでくださいね。

**私は母方が霊能者ユタ、父方が琉球王家という家系に生まれたためか、子どもの頃から霊能力と、「人を救いたい」「皆のために自分の力を使いたい」という強い気持ちを持ってきました。**

現在は、東京の新御徒町《しんおかちまち》にてTSURYU—鶴龍《つりゅう》—というお店を構えさせていただきながら、霊能力者として、個人カウンセリングで人様のご相談をお聞きしたり、パワーチャージのイベントを行ったりしています。

ありがたいことに、2024年現在、カウンセリングは1年半の予約待ち。YouTubeチャンネル登録者数は10万人超えと、多くの方にご支持をいただいています。本当に、ありがたいことです。

私は、授かった力を使って、霊視、透視、天（宇宙）との対話、守護霊や故人との対話、交霊、霊聴、場の浄化、除霊、浄霊、生霊祓《いきりょうばら》い、悪霊祓い、悪魔祓い、カルマの除去、前世の読み解き、ヒーリング、身体の読み解き、パワーチャージ……などを行ってきました。

つまり、**万物の魂にアクセスして、会話・調整・介入することで問題を解決するお手伝いをしています。**

私はこれまでにたくさんの方にお会いし、カウンセリングしてまいりました。

その中で最近、ますます気になっていることがあります。

それは、悩みを抱えて来られる方々、皆さまの魂が大変疲れているように見えるということです。**果てには、疲弊しきった魂が身体から少しずつ抜け出してしまっている方も多く見かけるのです。**

誰しも生きる中で災難に見舞われたり、心ない人々の言動に触れたりして、多かれ少なかれ魂に痛みを抱えることがあります。

しかし、魂自身の治癒力で回復できることも多いのです。それが、**近年では「ただ生きる」こと以上の困難を抱えている方が多い**ように感じます。

人が生きるためには、ただでさえ、お金、病気、事故、仕事、親、住居、死……あらゆる問題に直面しなければいけません。

それなのに、未曾有の災害、世界的パンデミック、終わらない不況に戦争……といった世界的・宇宙的な困難が相次いでいるからでしょうか。

人の悪意に触れる機会も増え、胸を痛めていらっしゃる方が増えているように感じるのです。自分を高めたい、この苦難から抜け出したい、ともがいている方が苦戦している、もどかしい状況があるように思うのです。

何とかして急いで、この状況から皆さんをお救いしたい。

もとより私は、世界中の人々を救う術を探り続け生きてまいりました。

**そして、ようやくその術にたどり着いた**のです。

時が満ちた今、この本を書くことを決めました。

この本でお伝えしたいのは、先ほどもお伝えしましたように、**魂から悪いものを取り除き、人の身体に魂をしっかり入れ直すための「浄化の力」です。**

さらには、パワーチャージすることで魂を活性化させ、奇跡を際限なく引き寄せる術までお伝えします。

魂というのは、生命エネルギーの結晶体のようなものです。

魂が１００％あなたの中に入っているとき、あなたは生命力に満ちあふれ、生き生きと活動できます。

しかし、あなたに悪意や痛みがあれば、魂は傷ついていきます。

あなたとの違和感やズレを抱いて、あなたから少しずつ離れていきます。

**魂が１００％に満たしていないと、あなたは疲れや不幸を感じやすく、ネガティブ思考になりやすい状態となります。**

そして、この本の中で詳しくご説明をしますが、魂はあなたの願望を際限なく、望むままに叶える力を持っています。

ポジティブな願いも、ネガティブな願いも叶えるのが魂です。

それでも、**ポジティブな願いよりも、ネガティブな願いのほうが叶いやすいという〝不都合な真実〟**があります。

世の中には成功者と呼ばれる方がいます。

その方々のお話を聞くと、多くの方が共通して、「自分は成功することを少しも疑ったことがない」「必ず夢は叶うと信じてどんどん挑戦した」と言います。

**ネガティブが入り込むスキが微塵《みじん》もなかったのです。**

ネガティブな感情をとことん排除して、ポジティブな願いを叶え続けた人が成功者と呼ばれていく事実があるのです。

そうは言っても、常にポジティブであり続けるのは、生易しいことではありません。

かつてあった、悟りを求める修行僧たちの過酷な修行をご存じでしょうか。

志半ばで挫折する時は、自ら生命を絶つという厳しさをもって刃物を持ち、山に入っていったそうです。

ネガティブを遠ざけて生きることとは、それほどに厳しいことで、まさしく、人類が数十万年もの間、挑戦し続けてきた悲願だと言えます。

**私が見つけた「浄化の力」は、まさにこの人類の悲願への挑戦**です。

●ネガティブを取り去る力
●ポジティブをパワーチャージする力

**この両方を行うことで、繊細な、そして奇跡的な力を秘めた魂を身体に戻し、パワフルな人生を発動させ、奇跡を引き寄せるのです。**

魂が身体に入ると、身体が生命力で満ちあふれていきます。

好奇心とやる気が湧き出て、ポジティブで満たされた身体はひとりでに動き出し、失敗も恐れません。

その状態で魂が活性化しますと、幸福もお金も望むままに引き寄せるようになります。**成功が成功を呼び、ネガティブを一切寄せ付けず、際限なく奇跡が舞い**

**込み、奇跡が起こるのは当たり前**になるのです。

**つまりここでお教えする「魂の浄化」とは、成功者がつかんでいる〝成功の秘《ひ》訣《けつ》〟を解き明かし、誰でも再現できるようにしたもの**なのです。


「浄化の力」というのは、つまりは魂にアクセスする術です。

一見これは、誰もができることではないように思えるかもしれません。

私も最初は、母が持つ霊能力という力を受け継いだためにできることだと思っていました。しかし、本当はそうではないのです。

**人類皆、誰もが魂と出会い、魂にアクセスすることができます。**

特に対象が〝自分の魂〟であれば、難しい知識などなくとも、やり方さえつかめば、誰でもできるようになります。

実際に私のお客様は、私がコツをお話しし、共に実践を重ねていくうちに、自分で自分の魂にアクセスできるようになっていきました。


**この本では、魂を浄化し、活性化させるための手法をできるだけわかりやすく**

**まとめました。**

具体的なアクションを通じて、かんたんに、そして楽しく理解していただくために、私の知識の全てを詰め込んでいます。

**魂の浄化と活性化をセルフでできるようになれば、あなたは自分自身だけではなく、やがて他人の痛みや苦しみも癒し、奇跡を拡大できるようになるでしょう。**

あなたの魂の痛みがみるみる消えていきますように。
あなたとあなたの周りの人の魂が、曇りなきまばゆさで輝きますように。
あなたの人生が、あなたの思い描く奇跡であふれ返りますように。
あなたとあなたの魂がピッタリと結びつき合い、愛し合いますように。
あなたが「自分に生まれて良かった」と微笑むことができますように。
これが私の願いです。

２０２４年10月

片山鶴子《たづこ》

## 誰でも成功者になれる！

# 「浄化の力」3つの真実

成功者を見ると、「好き」なものでわくわくし、
いつも楽しそうに毎日を過ごしているように見えます。
誰でも幸せに満ちた成功者になれます。
成功者がつかんでいる“成功の秘訣”を解き明かし、
誰でも再現可能にしたのが、「浄化の力」なのです。

成功のサイクル

**悪いものを浄化し
魂が抜けるのを
防ぎます**

**身体から魂が抜けるとピンチ**

心も身体も省エネモードに。
心配事や不安が増え、
“できない理由探し”を始めます。

## 身体に魂を戻します

**身体に魂が戻るとパワフルな人生が発動**

心も身体もエネルギー満タン。
やる気と情熱が湧き出てきます。

↓

## 学びと感謝で魂が活性化します

**魂が活性化すると、奇跡が“当たり前”に**

自分を信じ、成功を疑わず、
ネガティブを微塵も寄せ付けません。

「浄化の力」

はじめに――8
誰でも成功者になれる！「浄化の力」3つの真実――16

序章

## 魂の痛みを取る「浄化の力」

「魂が疲れる」「魂が身体から抜けていく」とは――26
「魂の浄化」とは魂本来の状態に戻すこと――27
全人類の魂は、生まれた時「笑顔でワクワク」している――29
何歳からでも、誰でも魂は回復する――30
「魂の浄化」でパワフルな人生を発動させましょう――33
活性化した魂は、あなたの願いを際限なく叶える――35
あなたの中にある〝悪いもの〟を吸い取りましょう――40

浄化の後には、右手でパワーチャージを ― 42
ヒーリングとパワーチャージをセットに ― 44
スピリチュアルが好きな人にも、苦手な人にも知ってほしい ― 46
体調が不安定になる、好転反応に注意 ― 47
好転反応かな、と思ったらお水を飲みましょう ― 48
あなたは幸せになるために生まれてきました ― 50
誰でも思い通りの人生を歩める ― 51
魂は望みを現実化する方法を「すでに全て」知っている ― 52
魂はプラスにもマイナスにも願いを叶える ― 55
「幸せになること」を諦める必要はない ― 57
魂活性のために「愛」を学ぶ ― 59
迷った時は、「魂の紋章」に戻ってきましょう ― 61
人は忘れる生き物です。だからこそ私は本を書きました ― 64

第1章

# 魂を身体に戻す方法

「魂の入り度合い」をチェック —— 74
何％身体に入っている？　「魂の入り度合い」チェックシート —— 76
あなたの魂の状態を記録する「魂ノート」 —— 78
魂が疲弊しているとパワーが出ない —— 80
魂が痛み、抜けてしまう理由は4つある —— 84
魂の戻し方❶ 浄化の声を聞いて瞑想を —— 85
魂の戻し方❷ 胸に太陽を灯して居心地の好い場所にする —— 88
魂の戻し方❸ 地に足をつけ、魂と身体を安定させる —— 90
魂の戻し方❹ ティンシャの音で癒す —— 92

第2章

# 「魂を守る」悪いものの対処法

ポジティブな言葉を発しましょう ― 100
魂に向けた言葉の選び方 ― 102
悪口を言う人への対処法は「悪口を事実に変換する」 ― 104
自分に向ける言葉こそ要注意 ― 107
食べ物のエネルギーをポジティブに変える ― 108
不運な事故から身を守る ― 111
悪いものばかり引き寄せる時の対処法 ― 114
霊的なものと出遭ってしまったら ― 116
音具の力を借りる ― 117
魂を戻すワークで免疫力を高める ― 118
亡くなっている方との向き合い方 ― 119
メッセージに温かい気持ちになる感覚がある時 ― 122

第3章

# 際限なく奇跡を呼ぶ「魂の活性化」

メッセージに怖い感覚がある時 ― 125
どうしても辛い時に唱えたいメッセージ ― 126
自分の感情を感じる ― 129
あなたの欠点はチャームポイント ― 131
病気や障害も自分の一部に変える ― 133
起こることは全て「天からの課題」 ― 138
「繰り返し起こる嫌なこと」には大切な学びがある ― 141
全ての現象に意味をつけているのは自分自身 ― 142
大変なことが起こった時の心構え ― 144
愛で向き合えば、どのような人も変わる ― 146

# 第4章

# 魂をさらに輝かせる「感謝の魔法」

私たちは完璧ではないからこそ、生を享けている ― 150
幸せはお金があることではなく、愛にあふれていること ― 156
25歳で1000万円を騙し取られて気づいたこと ― 158
チェックシートをもう一度確認 ― 163
まずは感謝の気持ちを持つこと ― 168
感謝ノートをつけてみよう ― 178
お金に悩まない人生と成功に必ず必要なこと ― 180
お財布の浄化の重要性 ― 185
深呼吸を深く味わってみよう ― 188
毎日頑張っている自分にも、ありがとうと伝えてみよう ― 192

休みなく働き続けてくれる、自分の身体と細胞に感謝 ― 194
「親が嫌い」という気持ちとの向き合い方 ― 195
寿命で死を迎えることを安心してとらえてみよう ― 199
両親、ご先祖様に愛を伝えましょう ― 201
あなたは最高！　というエネルギーをこの手から注入します ― 205
亡くなられた方に祈りを捧げる ― 209

おわりに ― 216

ブックデザイン　マツヤマチヒロ（AKICHI）
装画　Caitlin／AdobeStock
本文DTP　エヴリ・シンク
校正　山崎春江
編集協力　マキ パッソローネ
編集　大井智水

序章

# 魂の痛みを取る「浄化の力」

## 「魂が疲れる」「魂が身体から抜けていく」とは

これまで約5万人の方を〝見て〟きた経験の中で、気づいた大切なことがあります。それは、「誰でも心や身体が疲れたり、悪いものに触れたり、悪意を受けたりすると、魂が疲弊し、傷んでいく」ということです。

**そして、魂が傷むと、魂自体が少しずつ身体から抜けていきます。それは、魂が50%抜けた状態、80%も抜けた状態……というように見ることができます。**

**魂はきれいな高密度の生命エネルギーの結晶体のようなものです。**

**居心地の悪いところには留まらないのです。**

以前、悪いものが憑《つ》き、ネガティブな感情でいっぱいになってしまったお客様をカウンセリングしました。

しかし、お祓いした後も元気な状態に戻りにくいことがあったのです。

そして、「単に悪いものを祓ったとしても、その人の魂が抜けている状態では心身は回復しづらい」ことに気づきました。

**魂が抜けた身体はつまり、〝核〟がない状態。**

核のない抜け殻のようになってしまった身体では、生きるエネルギーは湧きづらくなり、思考もネガティブになりやすいのです。

## 「魂の浄化」とは魂本来の状態に戻すこと

うわべだけの処置では、意味がない。

**傷ついて身体から抜けてしまった魂そのものへのケア**が必要。

そう気づいた私は魂の疲れや痛みを取って浄化し、魂がエネルギーに満ちた状態でまた身体に戻すということをしてみました。

するとそのお客様は突然、
「なんだかすごく頭がクリアになって、やる気が湧いてきました！」
と目を輝かせたのです。この経験から、私は「魂の浄化」が人様のお役に立てる術だと確信し、その後も多くの方の魂を浄化してきました。

魂の浄化を受けた方々からは、「天職が見つかりました」「昇格しました」「臨時収入がありました」「集中力が上がりました」「子どもが難関大学に合格しました」「緊張しなくなりました」「アイデアが浮かびやすくなりました」「恋人ができました」「理想の結婚相手に出会えました」「原因不明だった身体の痛みが消えました」など、たくさんの喜びの声をいただいています。

**数々のご報告を受け、人様の悩みを解消したり、開運に導いたりするために重要なのは、「浄化の力」だと改めて腑《ふ》に落ちました。**

# 全人類の魂は、生まれた時「笑顔でワクワク」している

誰しも身体に1つ魂がありますが、魂は母のお腹に宿る時に人の中に入ります。そして、死を迎える時には身体から全部抜けて天国に逝きます。

魂は、あなたのどのような願いも叶える力を持ち、〝あなたを選んで〟、あなたの元に希望と共にやってきます。

**あなたが誕生する時、あなたをどのように幸せにできるかなと、〝笑顔で、ワクワクして〟やってくるのです。**

そうお伝えすると、「私は生まれたくありませんでした」「物心ついた時から自分には価値がないと思って生きてきました」と言われる方もいらっしゃいます。「喜んで生まれてきた」なんて信じられない。そうおっしゃる方があまりにも多いので、私は天に「例外はないのですか？」と聞いたことがあります。

そして、「例外はない」というのが天からの言葉でした。

全人類、誰もが例外なく、幸せになるために自分の魂と出会うのです。

全ての人が生まれた時から「選ばれて」存在するのです。


たとえ罪を犯した方でも、どれほど自分を嫌いだと思っている方でも、皆、選ばれて、喜んで、ワクワクして、生まれてきているのです。

自分がどのような環境に生まれるかを実は皆、事前にわかっています。

どのような両親の元に生まれるかもわかっています。**皆、そこから学べることや、人に与えられる愛や気づきを楽しみに生まれてくるのです。**

何度お聞きしても、天はそのようにおっしゃっていますよ。

## 何歳からでも、誰でも魂は回復する

「魂が身体から抜ける」と聞いて、驚かれた方もいらっしゃるかもしれません。実際に私がこの話をしますと、「〝魂が身体から全部抜けると死んでしまう〟のなら、魂が少しでも抜けている私は、そんなにもひどい状態なのですか？」と不安になる方もいらっしゃいます。

**恐れすぎる必要はありません。**先述しましたように、不幸に遭ったり、人の悪意に触れたりして、日々の中でも魂は少しずつ抜けてしまうことがあります。そして、魂自身の回復力でまた戻ってもきます。

魂が抜けたり入ったりすることというのは、生きる中で普通のことなのです。

**魂の量は、日々生きる中で揺れ動くものです。**

ただ、生命エネルギーの結晶体である魂が80％も90％も抜けた状態が長く続くと、生きる気力が減って、無気力状態になりやすくなることもあります。

近年のように戦争や紛争が続いたり、パンデミックや天災が起こったりして、世界的・宇宙的危機が続くことで、普段以上に気力を失いやすい状況が生まれてしまってもいるでしょう。

けれど、今がどのような状態であっても手遅れということはありません。

また、あなたが何歳であっても大丈夫です。本来であれば、何事にも好奇心旺盛で、いろいろなことにチャレンジしてきたという方も、最近なんだか調子が出ない……という方も、本来のエネルギーに満ちた魂の状態を取り戻しましょう。

**魂のケアというのは、マイナスから抜け出したい方も、もっともっとプラスに向かいたい方も、全人類が幸せになるために、絶対に知ってもらいたい重要な術なのです。**

**そして、誰であっても取得可能な術なのです。**

私自身、実は、自ら命を絶ってしまいたくなるほどの苦しみを抱えたことがあります。今の私は、自分の才能と能力を受け入れ感謝し、自分の会社を立ち上げ、5万人を超えるお客様にも恵まれ、愛する家族と共に全力で自分の使命を全うする、幸せな日々を送っています。

けれど、今の私を知る方には想像もできないほどにかつては辛い日々を送り、当時は乗り越えられないと感じたほどの困難を抱えていました。

しかし、この本でご紹介する方法で、人生が一変したのです。

私のたくさんのお客様も実際に人生を激変させています。

どんなに今が苦しく、過酷な困難を背負っていようとも、どうか諦めないでください。全ての方は変わることができます。たとえ何歳であっても、遅すぎることはありません。ここから人生は大きく好転していきますよ。

## 「魂の浄化」でパワフルな人生を発動させましょう

あなたの周りにいる成功者と呼ばれる方々を思い浮かべてみてください。

「いつも並々ならぬ自信にあふれている」「自分の成功を微塵も疑っていない」「楽しそうに夢を口に出して、しかも実現させている」「なぜかあの人の周りではいつも良いことが起こっている」……という方がいらっしゃると思います。

そのような方は、魂が100％身体に入っています。生命エネルギーの結晶体である魂が身体に入っている時、身体はやる気で満ちあふれます。「好き」の感情が次々と湧いてきたり、ワクワクが止まらなかったりして、身体も軽く感じ、**いわゆる「元気」な状態**になるのです。

反対に、魂が少しずつでも身体から抜けてしまっている時は、行動に移すのがおっくうになりやすくなります。**身体に活力が足りていないために、脳が「できない理由」を探して省エネモードになっていく**のです。

心配事はそのほとんどが自分の頭で作り出している杞憂《きゆう》だという話があります。身体を動かさずに頭ばかりが動いていると、次第に不安や迷いでいっぱいになってしまうのです。

やりたいことや夢があるのに、なかなか行動に移せない……幸せになりたいのになれない……という方は、そもそも魂が身体に入り切っていないために力が出ていない可能性が高いのです。

つまり、**魂が100％入っている状態というのは、パワフルな人生を発動させ**

**るための絶対条件だとも言えます。**

成功者と呼ばれる方たちは、魂が１００％入っている状態を維持し、魂も身体も元気でパワフルな状態だからこそ、本人たちは努力したり〝頑張っている〟自覚がないまま、周りから見れば「スゴイ努力」を平然と行っていくのです。

これまで、こうした成功者の成功の秘訣は明かされてきませんでした。これを解明し、誰でも再現できる方法にしたのが、本書でご紹介する「浄化の力」です。

**魂を浄化し、活性化させることで成功者の思考回路を誰でも手に入れることができるようになるのです。**

## 活性化した魂は、あなたの願いを際限なく叶える

魂が１００％身体に入ると、魂の活性スイッチが〝オン〟になります。

誰しも、「調子の良い時」「波に乗っている時」を感じた経験があると思います。

何をやっても上手くいき、身体が活力でみなぎり、笑顔が絶えず、いつでも運が味方していると感じられる状態です。

人生のうちで魂が１００％入る状態は何度か経験できるでしょう。

しかし、**本当に難しいのはこの状態を維持し続けること**です。

人は、生きる中でどうしても不運に出遭いますし、ネガティブな感情に心が支配されてしまうこともあります。

ネガティブな感情を持っていると、ネガティブな願いが叶います。「自分なんてだめだ」と思っている方は、その通りの「だめな自分」を叶えてしまうのです。

そうしてまた魂が抜けていってしまう……その悪循環に陥ると、魂が１００％入っている状態を維持できなくなってしまいます。

部屋が汚れては片付け、また汚れては片付け……の繰り返しです。

それよりも、**部屋をきれいに保つ癖付けをしましょう。**

魂からネガティブを排除し、パワーチャージしてポジティブを加速することで

**魂100%状態を長い間維持できるようになると、「魂が活性化」していきます。**

私には人の身体にあるポジティブな感情が光って見えます。

ポジティブな思考を長く続けると、ポジティブな感情を身体に巡らせる回路がどんどん太くなっていきます。少しの不幸では途切れない大量のポジティブ感情を維持できるようになるのです。

魂が活性化すると、魂は本来の力を発揮して、ポジティブな願いをどんどん引き寄せられるようになります。

ネガティブ感情を寄せ付けず、ポジティブな感情ばかりになるのです。

**願いを実現させるためには、魂が身体に入ってエネルギー満タンになり、「元気」で「行動」できる状態にする必要があります。さらには、その状態を維持する必要があるのです。ポジティブを維持するためにもパワーが必要なのです。**

その両方を行うのが、魂を浄化し、活性化させる「浄化の力」なのです。

人間は、わかっていてもネガティブに支配されてしまう、弱い生き物です。誰しもがそうです。

けれど、それを理解したうえで対処方法を知ることで、賢く学んでいくことができます。あなたが今まで困難から抜け出せない、もしくは、なかなか成長できないと感じていたとするなら、飛躍するための方法を知らなかっただけなのです。それはあなたの責任ではありません。今まで学校でも、誰も教えてくれなかったのですから。

**けれどあなたは今、この本に出会いました。**

私はこの「浄化の力」の方法を確立させるまでに何度も、たくさんの失敗をしてきました。長い時間もかかりました。

**ここで、あなたが私の知恵と経験の結晶を受け取ることで、あなたは私と同じ失敗をたどる必要も、時間をかける必要もなくなります。**

私の父はかつて、がんになったことがあります。闘病生活の中で父は、普段健康でいることがどれだけ幸運で幸福なことかを逐一教えてくれました。お医者さまをはじめ、支えてくださった、たくさんの人たちがいること、普段当たり前だと思うこと全てが実は奇跡にあふれていることに気づかせてくれました。

父が教えてくれたからこそ、私は父と同じ病気を経験しなくても、学べたものがたくさんあります。

**人間は学べる生き物です。誰でもそうです。あなたもそうです。**

私の知恵と経験の結晶であるこの本から、あなたが得られるものがあることを願っています。


そして、これは順番が大事です。この本の中ではこれから、具体的に魂を身体に戻す方法や悪いものを排除する方法など、さまざまな「技」をお伝えします。

けれど、「心技体」という言葉があります。**大事なのはまず「心」です。**

それがなぜ大切で「幸せになるための絶対条件」であるかを心に植え付けてほしいのです。

そうすれば、「技」は身につきやすくなるでしょう。

## あなたの中にある〝悪いもの〟を吸い取りましょう

**ここまで読んでいただいたあなたに、ぜひもう一度3ページに戻っていただき、私の左手に手を重ねていただきたいと思います。**

「魂の浄化」は、あなたの人生に幸福をもたらす最初に行うべきステップで、シンプルに効果が出やすいものです。私も実際のカウンセリングで最初に行いますし、癖付けていただけるように何度も重ねて施していきます。

それは、自分の心身を健康に保とうと意識するのと同じこと。お部屋が汚くなってしまったら片付けるのと同じように、「きれいな状態」に慣れていきましょう。

1回目は何も考えずにシンプルに重ねていただいたと思います。

2回目では、もう少し深く行ってみましょう。

改めてお伝えしますと、**私の左手には、魂の痛みを抜く役割**があります。辛さ、怒り、悲しみ、不安、執着、絶望感、猜疑心《さいぎしん》、罪悪感、過去のトラウマ……などです。あなたの中にある魂の痛みを抜くために、2回目となる今回は次のことを意識して手を重ねてみてください。

①私の左手の手形に、あなたの左手を合わせてください。
②目を瞑ってください。
③心を落ち着かせるために、ゆったりとした気持ちで深呼吸をします。息を鼻から吸って口から吐いてください。深く、ゆっくりです。
④手形に意識を持っていき、「どうか、私の心の中からネガティブな情報を持っていってください。吸ってください」と、心の中でつぶやきます。
⑤悪いものがどんどん吸われているように、イメージをしていきます。
⑥「必ず、素敵な人生にするぞ！」という思いを忘れずに行いましょう。

⑦心が落ち着いてきたなと思ったら、手を離してください。

なんだか不思議な感じがしてきたでしょう？

そうして少し楽になったら、この先を読んでみてください。

読み進めるのが辛くなりましたら、いつでもこのページに戻ってきて、魂の痛みを消してください。

できればこれを、毎日の日課にしてください。この本を持ち歩いて、ネガティブな感情を抜いてもらいたいと思った時に触れてみてください。

## 浄化の後には、右手でパワーチャージを

先ほど、私の左手に触れていただきました。

**実は、読み進めていただく中で、私の右手も登場します。**

私の左手は悪いものを吸い取り浄化する役割を持ちますが、右手はあなたにパワーチャージをする役割を持っています。

ここでも順番が大事です。まずは、悪いものを取り去りましょう。

あなたの魂は、今はまだ、〝幸せな状態に慣れていない〟だけ。

もしくは、〝幸せには上限がある〟と思い込んで、自分自身でストッパーを設けてしまっているのでしょう。

**浄化の後は、あなたが際限なく幸せになるためのパワーチャージの方法も紹介しますから、どんどん幸せになっていきましょう。**

この本はそういう作りになるよう、しっかり設計していますから、安心して読み進めてください。

## ヒーリングとパワーチャージをセットに

これから、皆さまが幸せを手に入れていただくために、私の「浄化の力」を体験していただける方法を書いていきます。

さらには、魂の抱えるネガティブな「痛み」を祓うだけでなく、読み進めながらポジティブさを強めるためのパワーチャージも行えるようにしています。

**傷ついたあなたが本当の意味で回復して、さらには元気良く、人生を好転させるための方法をこの1冊に詰め込みました。**

私は、本当は、世界中の全ての皆さまに直接お会いしてお話ししたり、握手したりハグをしたりしながら、愛と温もりを伝えて、真心で癒してあげたいと思っています。

しかし、カウンセリングやイベントは人数が限られるため、直接お会いすることが難しい方もいます。ですからお会いできなくても私のエネルギーを届けられるよう、この本をまとめました。

**直接お会いするのと変わらない効果があるよう、数々の工夫を凝らした仕様にしています。**

この本には、開くと私と会っているような感覚になっていただけるよう、1ページ1ページにエネルギーを込めています。

3ページに入れさせていただいた手形のように、私自身の身体を使った仕掛けもたくさん施しています。皆さまが「自分でできる」ように、具体的なアドバイスやワークも紹介しています。

ぜひ、あなたの人生のために、この本を使い倒してください。

自信を持って必要なことを全て書かせていただきましたから、きっとあなたのお役に立てるはずです。

大丈夫です。あなたがこれまで幸せになれなかったのは、幸せになるための方法を知らなかっただけなのですから。学べばよいのです。必ず学べますから。

## スピリチュアルが好きな人にも、苦手な人にも知ってほしい

私のＹｏｕＴｕｂｅでもそうなのですが、この本では、「ハイヤーセルフ」「次元上昇」などの難しいスピリチュアル用語を使っていません。

それは、幸せになるためのシンプルな法則を、スピリチュアルという枠組みにとらわれずにお伝えしたいからです。

世の中には幸せになるためのメソッドがたくさんあふれています。もしかすると、この本を読んでくださっている方の中にもこうしたメソッドを試された方がいらっしゃるかもしれません。

しかしどうか、今までに行ってきたメソッドを一度忘れてみてほしいのです。もっとシンプルにとらえ直してみてほしいのです。

先述しましたように、大切なのは「心技体」です。技よりも前にまず「心」です。

魂を入れて身体を元気にすることを考えてください。心の中から悪いものを抜いてすっきりさせてください。**難しく考えすぎることはありません。既存の言葉や概念にとらわれる必要もありません。**

どうか一度、まっさらな気持ちで、素直に受け止めてみてください。

## 体調が不安定になる、好転反応に注意

この本を読んでいただけますと、魂がどんどん元気になっていきます。

魂の曇りが晴れ、魂本来の状態が見えてきます。

**高密度の生命エネルギーである魂が輝きを取り戻すのですから、当然のことです。あなたの人生には大きな変化が起こります。**

**そしてそれはとてつもない勢いでやってくるのです。**

そうすると、仕事や人間関係の〝断捨離〟が起こることがあります。

今まで仲が良かった人と話が合わなくなったりすることもありえます。

## 好転反応かな、と思ったらお水を飲みましょう

**今までにないことが起こっても、どうか恐れないでください。**

それは幸せな人生を歩み始めるために、今までの不幸のエネルギーが出ていくことで起こる「好転反応」である可能性が高いのです。ヒーリングやマッサージの際に起こる「だるさ」や「もみ返し」のようなものです。

**もしもだるい気持ちになったら、お水をできるだけとって身体を休めることをしてください。お水は滞っているものを流して身体から取り去ってくれます。そして、良いものを新たに身体中に循環させてくれます。**

あなたに訪れるポジティブな変化を全身に巡らせましょう。

過去の感情を思い出して辛くなる人もいるかもしれませんが、それも、汚れによって隠されていた魂の情報が、晴れて表に出てきた証拠でもあります。
魂の浄化を続けていくことで、悲しいエネルギーを出し切りましょう。

私はこれから具体的に、あなたの魂がどれだけ抜けてしまっているか、そしてその数値を出す方法や戻す方法をお伝えしていきます。

**この術のどれをとっても、あなたは初めて知ることばかりでしょう。**どの霊能力者も、幸せを説く方も、「魂を浄化して身体に戻すことが幸せの秘訣」とは話されていないと思います。

ここでお話しすることは、幸せになるための大前提となる知識です。
だからこそ私は自信を持って、大発見だとお伝えするのです。

この本は、あなたがあなたらしくなるためのものです。あなたを幸せに導くためのものですから、どうか恐れずに、読み進めていただきたいと思います。

## あなたは幸せになるために生まれてきました

魂を本来あるべき状態に戻すのが「浄化の力」です。

つまり、**人類は皆、誰の魂も本来は生命エネルギーで力強く、キラキラと輝いているのです。「生きたい」と輝いているのです。**

これが意味することというのは、つまり、すぐには信じられないかもしれませんが、**実は誰もが幸せになるために生まれてきている**ということです。

今でこそ私は多くの方のカウンセリングをしていますが、私も実は過去に、不幸な人生を送っていたと〝思い込んでいた〟時期がありました。

もう死んでしまいたい、いなくなってしまいたいと悩んだことがあります。

詳しくは後で書きますが、そのような過去があっても、今はとても幸せです。

その理由は、「幸せになるために生まれてきた」「私の魂が〝生きたい〟と叫んでいる」という真実に気づいて、魂の浄化を実践してきたからです。

## 誰でも思い通りの人生を歩める

人間の人生というのは、その多くが科学で解明されていない未知の領域なのですが、絶対的な「真実」があります。

それは、**「誰でも思い通りの人生を歩める」**というものです。

**なぜならば、魂があなたの願いを叶えるために、その力をもって、あなたの元へやってきたからです。**

しかし多くの方はそのことに気がつかず、もしくは、魂が汚れることでこの真実を忘れてしまって、「人生は辛くて当たり前」というネガティブな思いを抱えてしまうのです。魂にモヤがかかった状態のままで、本来の自分を生きることができていないのです。だから私は「誰でも思い通りの人生を歩むことができる」

という真実をもっともっと広めたいと思っています。


**「誰もが幸せになるために生まれてきている」**

**あなたも自分がそれに値する最高の存在であることを、この地球に生まれた意味を、思い出してほしいのです。**

## 魂は望みを現実化する方法を「すでに全て」知っている

「誰でも思い通りの人生を歩むことができる」ことについてご説明します。

魂は高密度の生命エネルギーの結晶体だとご説明しました。

魂にはあなたが望み描き、想像したことを実現させる力があるのです。

なぜなら魂には、**今生きている情報だけではなく、前世と来世の情報も全て組み込まれている**ためです。

それは大変膨大な情報であり、かつ、可能性にあふれたものでもあります。

魂に刻まれている過去の事柄それ自体を変えることはできませんが、その痛みを癒し、浄化することはできます。未来や来世といったものは、あなたの考え方、行動が変わることにより変えることができるのです。

**魂はあなたと世界にまつわる全ての情報が刻み込まれた知恵そのもの。**

その膨大な情報をもってすれば、願いを叶えること、奇跡を起こすこと、この世の真実を明らかにすることなどは、たやすいことなのです。

ここで、魂とは何かをご説明しましょう。私たち1人ひとりが持っているこの肉体は、今世一度きりお借りしているものです。**一方でその肉体に入っている魂は、何度も肉体を変えながら生まれ変わりを経験しています。**

例えばあなたの前世がアメリカ人のAさんなら、その肉体に入っていた魂が、今世のあなたの肉体に移り変わっている、という具合です。

生まれ変わったことを、あなたの脳はすっかり忘れてしまっているけれど、魂にはAさんとして生きていた記憶が刻まれています。

肉体は、魂が入ることで機能し、動けるようになります。魂は日々生きる中で少しずつ入ったり抜けたりして量が変わりますが、あなたが死を迎える時、魂は身体から全部抜けて天国に逝きます。そして、肉体はただの抜け殻になります。

でも肉体が死んだ後も、魂はずっと生き続けて、次に生まれ変わった時の肉体にまた入り、新しい人生を経験していくことになります。

このように、人間が何度も地球に生まれ変わることを「輪廻転生《りんねてんしょう》」と言います。「輪廻転生はない」と言う人もいますが、私が霊能力で見ている感覚では、確実にあると思っています。

実際に「前世の記憶がある」と言う人もいますね（私もその1人です。私は、意識していない時も、ふと前世の記憶が蘇《よみがえ》ることがよくあります。面白いものですね）。

**魂が新しい人生に生まれ変わるまでの期間には個人差がありますが、平均で200~300年です。**それだけの長い間、魂は眠り続け、やっと再び肉体を持って生まれ変わって、またワクワクした気持ちで新しい人生を始めるのです。魂は、あなたのために自らの力を発揮しようとします。**願いを叶える方法、奇跡を起こす方法は、すでにあなたの魂が知っているのです。**

**魂は長い眠りから覚めて、あなたと共に新しく生きることを楽しみにしている**のです。

## 魂はプラスにもマイナスにも願いを叶える

ここで注意しなければいけない大切なことをお話しします。

魂の力をもってすれば、「思い通りの人生を歩む」ことはたやすいという真実をお話ししました。

**ただし、実はこの真実は、先述しましたように、プラスにもマイナスにも発動**

**するのです。ここが難儀なところです。**

つまりそれは、プラスに発動すれば、思い通りの「幸せな」人生を歩めますし、マイナスに発動すれば、思い通りの「不幸な」人生を歩む、ということです。

**「幸せになれない」と思い込んでいる人は、その通りの「幸せになれない」現実が実現されてしまっているのです。**

これが幸せになれないからくりです。

しかも、マイナス感情のほうがプラス感情よりも現実化されやすいというのは、すでにご説明した通りです。

この事実に衝撃を受けた方もいらっしゃるかもしれません。しかし、悲観することはありません。

**私は、この事実をむしろ利用することで、皆さまには思い通りの「幸せな」人生を歩む手助けをしたいと思っているのです。**

## 「幸せになること」を諦める必要はない

この世の中は人を惑わせる物事であふれています。

時に、信じがたい悲劇が人々を襲います。

「どうして私ばかりが」と、自信を失うような不運が重なることもあります。

ですがどうか、その困難に負けず、あなたは幸せになるために生まれてきたという真実を信じ続けてほしいのです。


信じ続けるためには愛が必要です。

そして、強さが必要です。

まずは、思い出してください。あなたがどんなに苦しい状況にあっても、あなたを絶対に否定しない**確固たる愛**が、この世に必ず存在することを。

思い出してください。魂はあなたを愛し、あなたを幸せにするために存在しているという事実を。
**疑わずに信じ続けられる強さ**を少しずつ学び取ってほしいのです。

実は浄化の力の本質は、この「愛と強さ」にあります。
**この本の到達点は、あなたが愛と強さを学ぶことにあると言っても過言ではありません。**もしもあなたが「自分自身のことを信じられない」苦しい状態にあるとしたら、**私があなたを信じているという事実を信じてほしい**のです。

**私はあなたを信じています。**
「あなたは素敵な人ですから。あなたも私も同じです。幸せになるために生まれてきたんですよ。未熟だからこそ生まれてきたのです。学んでいきましょうね。あなたは変われますから。意味あってあなたと私は出会ったのだと思います」

あなたが自分のことを信じて、自分のことを愛せますように、この本は1ページ1ページに愛を込めています。

愛とは偉大です。皆、愛がほしいのです。

「私はあなたを愛しています」

そうやって愛が増えていく世界を一緒に作り上げていきたいのです。

何度でも言います。「**あなたは素敵ですよ**」

## 魂活性のために「愛」を学ぶ

何度くじけたっていいのです。

何歳からやり直したっていいのです。

遅いことはないのです。本当です。

そうやってあなたは確実に強くなっていくのですから。

この本を読んでくださっている方には、魂を浄化して、魂をきれいに保つだけでなく、魂の活性化も意識していただきたいと思っています。

私たち人間はもともと未熟で弱いものですが、**この地球に生まれた自分を心から愛することができた時に、魂は強度を取り戻します。**

少しのことでは曇らない強い輝きを放つのです。

「愛」と「強さ」は学ぶことができます。

天から私に何度も降りてくるメッセージからも、生まれてきた意味は「愛」と「強さ」を学ぶためだとはっきり聞こえてきています。

**浄化の力でマイナスを祓い、ポジティブを加速させる愛と強さを学びましょう。活性化した魂による、際限のない、無限の奇跡に出会いましょう。**

その頃にはあなたは自分自身の願いを自由自在に叶え、奇跡を呼び込む術を思い出しているはずですから。

大丈夫です。

**この本を開き、私と出会ったのは、あなたが諦めていない証拠です。あなたは「幸せになりたい」と願っていますし、あなたの願いは叶いますよ。**

## 迷った時は、「魂の紋章」に戻ってきましょう

もちろん、人間ですから、くじけることがあります。誰でも迷います。**人間なのですから、それは「普通」のことです。**大丈夫ですよ。皆そうですから。気に病むことはありません。だからこそ、いつでも私があなたのそばにいます。**人は忘れてしまう生き物です。ですから、あなたにお守りを授けます。**そのお守りこそが、この本を開いて最初にあなたが目にしたはずの「魂の紋章」です。

私は、世界中の皆さんが幸せになれるように、私の力をどう使えば良いかを、

毎日考え続けています。そうして生まれたのがこの「魂の紋章」です。

このデザインは、天と私が交信して降りてきました。あなたの魂の情報を素敵なものに変化させ、あなたの人生を最高のものにするためのサポートになればという一心で形にしたものです。ネガティブを浄化し、ポジティブを加速させてくれます。永遠にお力になってくれます。


**ぜひ、次のように使ってみてください。**


1回目にこの紋章と触れる瞬間は、おそらくあなたがこの本を最初にお読みになっている時でしょうから、それが何時であっても大丈夫です。

2回目からは、効果が最大になるゴールデンタイムの「朝と夜」に行ってみることをおすすめします。

もちろんそのほかの時間でも効果はありますから心配しないでください。

◇◇◇◇◇◇◇◇◇◇◇◇◇◇◇◇◇◇◇◇◇◇◇◇◇◇◇◇◇◇◇◇◇◇◇◇◇◇◇◇◇◇◇

①本を両手で支えながら、胸の真ん中に紋章が付くように紋章を胸に押し当

てみてください。

②心を落ち着かせるために、目を瞑ってください。深呼吸をゆったりとした気持ちで行います。

③ご自身の夢、希望、なりたい自分、現実にしたい未来をポジティブなイメージとして心に描いていきます。※この時ネガティブな悲しい気持ち、辛い気持ちでイメージしないようにお気をつけください。

④さらに、もっともっとご自身が生き生きと笑顔で過ごしているイメージを、できる限り鮮明に描いて、実際にその未来がたった今起きているような感覚でリアルにイメージし続けてください。

⑤目を開き、紋章をゆっくり見つめ直し、「今日もよろしくお願いします」と明るい気持ちでご挨拶をします。※夜寝る時は、「今日も1日ありがとうございました」とご挨拶をします。

◇◇◇◇◇◇◇◇◇◇◇◇◇◇◇◇◇◇◇◇◇◇◇◇◇◇◇◇◇◇◇◇◇◇◇◇◇◇◇◇◇◇◇◇◇◇◇◇◇◇◇

できる時にはぜひ、朝、晩行ってみてください。

続けていくことで、魂に入っている情報に変化が現れ、起こる現実がポジティブになりやすくなります。

**この紋章は本から切り離していただいて大丈夫なものです。**

カバンなどに大切にしまいながら持ち歩いていただいても良いですね。

普段は机の上などに置いて飾っていただいても大丈夫です。

## 人は忘れる生き物です。だからこそ私は本を書きました

この章の最後に、私の大切な思いを書き残したいと思います。

先ほど、「人は忘れる生き物」であると書きました。

「私は忘れっぽいんです」

「何度学んでも忘れてしまう落ちこぼれです」

「私でも成長できるのでしょうか」

と言われる方がいます。


大丈夫です。

あなたは必ず学び、あなたの望む幸せな姿に変わることができます。


**忘れることを恥じる必要はまったくありません。**

**なぜなら、人はそもそも忘れるようにできている生き物だからです。**

**忘れるけれど、必ず学ぶことができる生き物なのです。**

これは、天からの素晴らしい計らいです。

最後に、私がこの本を書いた理由とともに、このことを説明します。


人には誰でも寿命がありますから、あなたも私も必ず死を迎えます。

死んでも何度も地球に生まれ変わる、輪廻転生をすることは先にもお話ししました。ね。

では、なぜ何度も生まれ変わるのかというと、**一度きりの人生では愛と強さを学び切ることができないからです。**

肉体が新しく生まれ変わっても、前世から続く魂には今まで生きてきた記憶が刻まれています。


**でも生まれ変わる時に、脳の記憶はすっかりなくされてしまいます。**

ですから自分の前世はどんな時代にどんな人生を生きていたのかを、大半の人は知りません。


**記憶がなくされるのは、天からの愛の計らいです。**

誰しも間違いや過ちを犯します。

その過ちの中には、重たいものも当然あります。

人々の中には、前世で人を殺《あや》めたり、ひどいいじめをしたりなど、悪を極めた人生を送ってきた人もいます。

そうした人であっても再び愛と強さを学ぶために生を享けます。

どのような間違いや過ちを犯してしまったとしても、全ての人は学び、前を向き、「生きたい」と思うことが許され、肯定されています。

過ちから学べるものが豊富にあります。

どのような過去があっても、全ての人が本心では「生きたい」と願っています。

魂がそう叫んでいるのです。


それでも、過去の悪行を覚えている状態では、前向きなスタートを切ることは困難でしょう。

ですから天は前世で良い行いをした人も悪い行いをした人も、全て前向きな状態でスタート地点に立てるよう、生まれ変わる前に全ての人の記憶をなくしてくれるのです。


そして、**本当に大切な学びを魂は必ず思い出させてくれます。**

何度も輪廻転生する中で、膨大な情報を魂に刻み込んでいますが、その中で得た本当に大切な学びは、何度生まれ変わっても必ず思い出させてくれるということです。

何かの拍子に思い出せる記憶や感情、理屈なく何度も気になる人や物……そういったものは、あなたの魂に刻み込まれた大切なものです。

**この本も、あなたの魂の記憶に呼びかけるようにと思いを込めています。**


私の話をしましょう。

私がこの本を書いた理由というのは、来世（生まれ変わった時代）の私に向けた約束を果たすためです。

私、片山鶴子はいずれこの世とさよならをする時が必ず訪れます。

私が死を迎える時、それは世界中の人を幸せにしたいという使命を果たしてその日を迎えるにちがいありません。


今私は思いの限りを尽くしてこの本を書いていますが、この本を書き上げた後も、私はこの私の思いが未来につながるように、命ある限り一生懸命に生きていきます。

私が自分の命を最大限まで燃やして、この世の命を全うしたら、来世、私はまたこの本に出会うことになるのです。

そして、この本を開いた私は今日のこの日を思い出します。

「**魂よ。また出会えましたね**」と、震える感情と共に魂の情報の過去と未来がつながるのです。これは生まれ変わった私の姿が映像として映し出されて、はっきりと見えたものなのです。

それは西暦２３４１年の未来のイタリアのことです。日本ではない異国の地、未来の時間に、生まれ変わった私は18歳の女学生でした。

普段私は自分を霊視することはありません。

人のことを見ても、自分のことは見ないようにしています。

それでも、未来の私がこの本と再会する映像が見えてきたのです。

それは、「約束しなさい」「約束を果たしなさい」という天からの強いメッセージだと思っています。

**私はこの本が未来の私の魂に影響することを知っています。**
**そのために私がこの先、この世の命を一生懸命捧げることも知っています。**

今日も、これからも、生まれ変わっても、ずっと世界中の人を救い、笑顔を届け続けていきます。

この思いを止めることはできないでしょう。

生まれ変わった私が、この本を手にしている映像が見えてきた時に、私の頬に温かい涙が伝ってきたことを忘れることはないでしょう。

**あなたも必ず、思い出すことができます。**
**あなたが本当に望み、本当に大切にしているものを、あなたは必ず思い出すことができます。**
**それは時間も国も容易に超えていくのです。**

あなたの繊細な感覚を信じてください。
内なるところに全ての答えがあります。
魂の声を信じて生きてください。
未来は明るいものですから。
ずっとあなたを応援しています。

清らかな
風が吹く
たづ

# 第1章

# 魂を身体に戻す方法

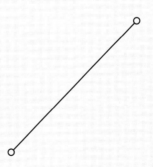

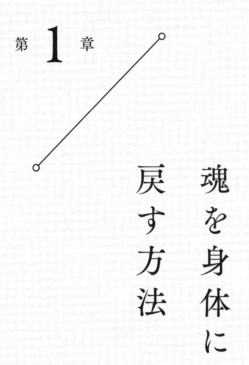

## 「魂の入り度合い」をチェック

この章では、魂が抱える痛みを取り、身体に戻すための具体的な方法をご紹介します。

**まずは現在のあなたの状況をセルフチェックしてみましょう。**
**現在地を把握することで、次にあなたがどうしたら良いのかが見えてきます。**

76ページにあるチェックシートを見てください。
各項目について、自分が今どのくらいの数値かをチェックしてみましょう。
数値が低い方は、魂が傷つき、抜けやすくなってしまっています。
数値が高い方は、魂が身体の中で生き生きと輝いています。

数値をチェックしましたら、その数値とその時の気持ちを、78ページにある「魂ノート」に記録していきましょう。

この本に直接書き込んでいただいてもかまいませんし、ご自分で作られたノートに記録していく形でも問題ありません。

魂の浄化が進むほどに数値が高くなり、「思い通りの幸せな人生を歩む」という魂本来の力が発動しやすくなっています。

たとえ今は数値が低くても、この本の内容を実践するたびに数値が上がっていくことを感じられるはずです。

大事なのは、たびたびチェックして実践してみることです。

勉強でも、筋トレでも、ダイエットでも同じですね。

**そして、ぜひ、自分の魂の量が増えていくのを楽しんでくださいね。**

何%身体に入っている？
# 「魂の入り度合い」チェックシート

質問を読み、それぞれの数値を確認しましょう。直感で選んで良いのです。自分の良いところ、悪いところを見つけるセルフチェックに使ってくださいね。そして、週に1回程度の習慣にしてください。

## チェックシート10の質問

| | 0 | 25 | 50 | 75 | 100 % | |
|---|---|---|---|---|---|---|
| 愛してない | 0 | 25 | 50 | 75 | 100 | 愛してる |
| 感じない | 0 | 25 | 50 | 75 | 100 | 感じる |
| ある | 0 | 25 | 50 | 75 | 100 | ない |
| 不安定 | 0 | 25 | 50 | 75 | 100 | 安定 |
| 息苦しい | 0 | 25 | 50 | 75 | 100 | 落ち着く |
| 眠れない | 0 | 25 | 50 | 75 | 100 | 眠れる |
| 感じる | 0 | 25 | 50 | 75 | 100 | 感じない |
| 受け入れたくない | 0 | 25 | 50 | 75 | 100 | 受け入れている |
| 感謝できない | 0 | 25 | 50 | 75 | 100 | 感謝している |
| 感謝できない | 0 | 25 | 50 | 75 | 100 | 感謝している |

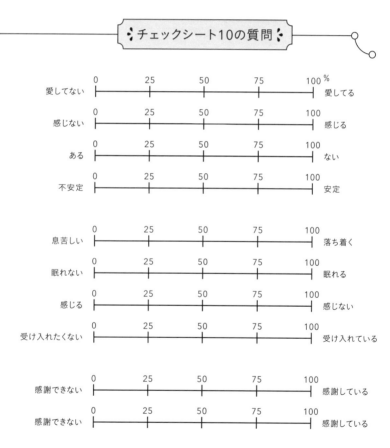

10の質問
合計数値

魂の入り度合い

［　　　］÷10 ＝［　　　］%
してください

### あなたの心の状態

❶ 自分自身を許し、褒め、愛していますか？

❷ 日々笑顔で、ワクワクしたり、情熱を感じたりしますか？

❸ 嫉妬や怒り、憤りを感じて、我を忘れることがありますか？

❹ 今、目の前のことに安定して集中できていますか？　不気味な浮遊感や、地に足がついていない不安定さを抱いていませんか？

### あなたの身体の状態

❺ 深呼吸すると落ち着きますか？　息苦しいですか？

❻ すんなり眠れて、寝つきは良いですか？

❼ 倦怠感《けんたいかん》やだるさを感じていませんか？

❽ 体調に異変を感じた時、異変と向き合い受け入れていますか？

### 両親、ご先祖様への気持ち

❾ 父、母を思い浮かべた時に感謝の気持ちは生まれますか？

❿ ご先祖様を思い浮かべた時に感謝の気持ちは生まれますか？

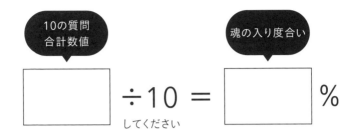

あなたの魂の状態を記録する

# 「魂ノート」

前ページで魂の入り度合いをチェックしたら、あなただけの「魂ノート」に、
数値と頭に浮かんだイメージを素直に記録してください。
時折見返して、変化を確認してみましょう。

| 日付 | 魂の入り度合い | メモ(チェック中に頭に浮かんだ言葉やイメージ、感想など) |
| --- | --- | --- |
| | % | |
| | % | |
| | % | |
| | % | |
| | % | |
| | % | |
| | % | |
| | % | |
| | % | |
| | % | |

## 魂の入り度合い

- 0~25% ➡ あなたは疲れやすくなっています
- 26~50% ➡ 気分が不安定になりやすいでしょう
- 51~75% ➡ 前向きな気持ちを抱きやすいでしょう
- 76~100% ➡ エネルギー満タン！　やる気と情熱に満ちています

## 書く時のポイント

- チェック中に頭に浮かんだ言葉やイメージ、感想などを素直に書き出してみましょう
- 週に1度ほどのペースで習慣にしましょう

| 日付 | 魂の入り度合い | メモ（チェック中に頭に浮かんだ言葉やイメージ、感想など） |
|---|---|---|
| | % | |
| | % | |
| | % | |
| | % | |
| | % | |
| | % | |
| | % | |
| | % | |
| | % | |
| | % | |

このチェックシートはぜひ、定期的に確認するようにしてください。

受験生が志望校に合格するためには、まずは今の自分のレベルを把握するところから始めますよね。合格するために自分の現在地を把握する。

**弱みと強みに気付いて対策するうちに、苦手だったところができるようになり、強みを伸ばすことができ、合格に近づけます。**

この本のチェックシートも同じです。

自分の弱みや強み、弱みが強みに変わったところなどを定期的にチェックして、ご自分の変化をぜひ意識してください。

## 魂が疲弊しているとパワーが出ない

魂はお母さんのお腹に宿った時に身体に入ります。

魂は左胸と右胸の間に存在し、寿命が来ると頭から全て抜けていきます。

魂は複数あるわけではなく、1人に1つです。

魂が100％身体の中にある時には心身のエネルギーが満ちていますが、**心や身体が疲れたり、悪いものに取り憑かれたり、人からの悪意を感じたりすると、魂は疲弊し、傷み、だんだんと身体から抜けていってしまいます。**


私はカウンセリングの際、その人の魂が何％身体の中にあるかを計測してお知らせしています。私はお客様を見るだけで数値を計測することができます。これを皆さまがセルフチェックできるよう設計したのが先述したチェックシートです。

魂の入り度合いを数値化する霊能者は、他にいないと思います。

もちろん学校でも教えてくれませんし、誰も知らないスキルですが、実際に魂が抜けていると自分らしく力強く進むことができないのです。


私は自分だけでなく、人の魂にもアクセスし、干渉することができますが、ある方から、「魂の%が減った状態を体感したい」と頼まれて、あえて魂を2%まで抜いたことがあります。

その方に魂が抜かれた感想を聞いてみると、「心が暗く、苦しくなり、ポジティブな話を聞いてもネガティブにとらえてしまう」ということでした。

抜いた後すぐに、その方の魂を100%まで戻しました。魂を戻すと、「温かい感じです。呼吸がしやすくなりました。頭がすっきりしました。安心感がありえます。自分がしっかりとここにいる感じがします」と言われていました。

**生命エネルギーの結晶体である魂が抜けてしまうと、心も身体もネガティブになってしまいます。**

**「生きたい」という気持ちが薄れてしまうのです。**

脳はとても精密にできています。身体から魂が抜け、身体にエネルギーがないことを察知すると、身体が必要以上に動かないように調整し始めるのです。

例えば、身体のエネルギーが少なくなっているのに高い山に登ろうとすれば、調子が悪くなって倒れてしまいますよね。そうならないように、脳は「山には登れるはずがない」と思考回路をネガティブに移行させるのです。「自分が山なんかに登れるはずがない」と自分で自分の可能性を否定してしまうのは、このような理屈です。生きるために最低限必要なエネルギーを温存し、臓器がちゃんと動けるようにして、生命を維持させようとするわけです。

ですから**魂が抜けてくると、だるい、体力がなくなってきたな、なんか面倒くさいな、動きづらい、という感覚になります。**

友達から誘いが来ても行く気になれず、リフレッシュもできないので、どんどん家にこもり始めます。そして外に出られない自分はダメだ、情けない、などどんどんネガティブな思考になってしまうのです。

頑張って学校に行ったり、仕事をしたりしても、元気がなくなってくるのでパフォーマンスが下がってしまいます。

結果、運気が下がってしまうのです。

# 魂が痛み、抜けてしまう理由は4つある

魂が抜けるのは、主に以下の4つのような時です。

基本的には、「**魂は居心地の悪い場所を嫌う**」と考えると良いでしょう。

生命エネルギーの結晶体である魂が嫌がる場所というのは、その反対であるネガティブな感情があるところです。


1つ目は、心がネガティブになっている時。悲しい、不安、ムカつく、辛い、などネガティブな感情にとらわれていると、魂は抜けてしまいます。

2つ目は、亡くなった人の霊に憑依《ひょうい》されたり、生きた人の念や黒魔術などを受けたりした時。心がネガティブだと波動が低くなり、これらの霊や念が憑きやすくなります。

3つ目は、体調を崩した時。身体が辛いと、心もネガティブになりやすいから

です。ただし体調不良に対して「自分の身体は今、頑張ってくれている」「元気な時のありがたみがわかる」などポジティブにとらえている人からは、魂は抜けません。心の在り方が大切だということです。

4つ目は、気の悪い場所に行った時。魂は悪い気を感じて抜けてしまいます。うわべの気持ちや振る舞いではなく、心の真実の状態によって魂は抜けてしまうということに注意しましょう。

## 魂の戻し方① 浄化の声を聞いて瞑想を

さあ、いよいよ魂を身体に戻す実践方法に移ります。

**私の実際の声で魂についての説明をし、その後、実際に魂を戻していく方法を説明した音声を収録しました。**

日本語バージョン

英語バージョン

これはこの本のために録《と》りおろしたものです。私はこの本のために、一切の出し惜しみをせず少しでもあなたのお役に立てるよう、できることを全力でさせていただいています。ですから、どうか受け取ってくださいませ。

まずは音声を聞きながらその通りにしてみてください。最後には、皆さんの心が晴れ渡るように浄化の力でヒーリングも施しています。

最後までお聞きいただき、力にしてくださいね。

あなたらしい素晴らしい人生を手に入れられる力になると思います。

日本語ではわからないという方や、母国語は英語で、どちらかというと英語のほうが理解しやすい、魂に届きやすいという方のために、英語バージョンも用意しています。これは私が信頼している方の声で、私がそばで監修して録りおろしています。日本語と英語、どちらでも良いのです。聞いてみて心地好いと感じるほうをお選びいただき、お聞きください。

……お聞きいただけたでしょうか。

心も身体も楽になってきている感じは、しませんでしょうか？

聞き終えました後は、魂に、「**戻ってきてくれて、ありがとう。いつも、頑張ってくれて、ありがとう**」と優しい気持ちで心の中で伝えましょう。

魂がいつも、１００％、胸の中にいてもらえるように、前向きな感情で日々を過ごすことを心がけて、毎日、朝スタートした時、１日が終わって寝る前に行うことをおすすめいたします。

魂の戻し方②

# 胸に太陽を灯して居心地の好い場所にする

先ほどの音声の中でもお伝えした方法ではありますが、特に大事な「太陽を灯す」方法を抜き出してご紹介します。

この方法は、いつでもどこでもできるものです。

例えば、道を歩いていて少し嫌な気配を感じた時でも、自分の胸に太陽を灯すことで、強力な明るい光のバリアとなって、あなたを守る力になります。

そして、パワーを与えてくれます。

①目を瞑って深呼吸しながら、胸のあたりに明るい光を宿すイメージを持ちます。太陽を灯しているように、明るく、美しく、キラキラさせましょう。

②自分の口角を上げた満面の笑みをイメージしましょう。笑顔がイメージで

きない場合は、形だけでも良いのです。口角を上げてみましょう。
③戻ってきた魂に対して「ありがとう」とお礼を言います。

◇◇◇◇◇◇◇◇◇◇◇◇◇◇◇◇◇◇◇◇◇◇◇◇◇◇◇◇◇◇◇◇◇◇◇◇◇◇

心の中が眩《まぶ》しく明るくキラキラ輝いていると、魂にとって居心地の良い状態になります。魂が戻りやすい環境を整えるのです。

魂が身体に入ると、心のキラキラはさらに身体に反映され、あなたの身体からキラキラしたものが外にあふれて出てきます。

**あなたがキラキラと輝いていると、天はすぐにあなたの輝きに気づいてくれます。そして、同じように輝くポジティブなものを引き寄せますよ。**


今、仕事や家族のことで大変なことがあったとします。

それでも、もしあなたが心を明るくすることができたら、明るいものが身体の外にも出るとイメージしてみましょう。あなたの内なるところから外に出されたものと同様のものがあなたに引き寄せられるという宇宙の法則があるためです。

脳はとても単純です。口角が上がっている表情を感じると、うれしいことが起きたと感じます。

シンプルにとらえれば良いのです。魂にとって心地好い状態を作ることに意識を向けていきましょう。そう、意識を癖付けていきましょう。

## 魂の戻し方③
## 地に足をつけ、魂と身体を安定させる

魂が抜けてしまうと、地から身体が浮くような、独特の浮遊感が出てくる方がいます。この独特の浮遊感は、気持ちを不安定にさせやすくしますが、その感触が逆に、ふわふわと心地良く感じることがあります。

これを「天と通じる全能感」と間違えてしまう方もいらっしゃいます。

**地に足をつけていない状態というのは、良い状態ではありません。**だんだんと感情や心がマヒして、「心ここにあらず」になってしまうからです。

そして、思考が上手く働かなくなってしまうのです。記憶力の低下、集中力の低下、やる気・活力の低下など、あらゆることに影響していきます。

先にご紹介した方法で魂を戻すイメージを持ちましたら、地に足をつけるトレーニングも行いましょう。

飛んでいってしまった魂を安定感のある身体になじませるのです。

◇◇◇◇◇◇◇◇◇◇◇◇◇◇◇◇◇◇◇◇◇◇◇◇◇◇◇◇◇◇◇◇◇◇◇◇◇◇◇◇◇◇

①まず、自分の足元を意識してみましょう。あなたの足は、あなたが今存在する床や地面についているはずです。

②そして、この床や地面の下に地球があると想像してみてください。「私は地球に力強く立っている」と意識するのです。

③足元の地球を感じたら、次は、偉大なる地球に感謝をしてみましょう。私たちは、地球に生まれたからこそ生きていられています。地球だからこそ生命が誕生したのです。

④先に、胸に光を宿しましたね。そのまま、心明るいままを保ってください。笑顔のままでいるように意識してください。感謝があふれ、魂がそこに存在して、地球を感じて、力強くここに存在している自分を感じるのです。
⑤そしてありがたく、呼吸をしてください。今日も自分が生きていて、足元が地球についている感覚を味わえることに「ありがとう」を伝えてください。

命ある、限られたこの時間を、力強く生きる。

そうイメージしてください。

そのために地に足をつけるのです。心の安定感や安心感、自分の軸が整った感覚が出てきませんか。

## 魂の戻し方④　ティンシャの音で癒す

ティンシャは小さなシンバルを紐《ひも》でつなげたような形の仏具です。
私は魂を戻す時、ティンシャの音を使うことをおすすめしています。
私のショップでは、あなたの魂に合うものを選んでいます。

①ティンシャを手に入れたら、まず何も考えずに数回、鳴らしてみましょう。
リズムは一定の速さにしましょう。
②音を鳴らした後、1回、目を瞑りましょう。
③そして、音が聞こえなくなってくる前に、心地好いタイミングだなと思った時に目を開けてもう一度、数回、鳴らしてみましょう。

これを一定の速度でやっていきます。
ティンシャは遠慮せずに叩《たた》いて良いものです。

心明るく笑顔で、ありがとう。楽しい。

そのような気持ちが入るとティンシャは心地好い音を出してくれます。

心地好いと感じることで、魂も戻ってきてくれますし、心地良い音色に癒された魂は、安心してあなたの中に居ついてくれます。

魂が空から降ってきて、頭のてっぺんから入り、左胸と右胸の間に戻って、眩しく明るく輝く様子をイメージしてください。

そうしましたら、**次は、ティンシャの気持ちになってみましょう。**

自分の身体が２つに分かれていて、ぶつかり合うことで音を出し、あなたを癒そうとしている様子を想像してみてください。

最小限の力で癒される音を出せば、ティンシャにとって最小限の痛みで済みます。でもティンシャはあなたのために覚悟を持って音を鳴らすと決めているのですから、遠慮しすぎて思うようにぶつけられないのも失礼ですよね。

**何事もちょうどぴったりの強さがあります。**

そのような心持ちになりましたら、もう一度鳴らしてみてください。

もしかしたら、頭の中でいろいろなことを考えて緊張してしまったのではありませんか？

**私たちは、このように、いろいろなことを学ぶほどに緊張してしまい、失敗してしまうものです。**

先ほどは何も考えずに行ったことが、意識するとできなくなります。そしてそれが自分の全てだと思い、自分はダメだと自己肯定感を下げてしまうのです。

けれど、もし失敗しても、修正すれば良いだけです。

**人は学ぶ生き物です。そして、学べば学ぶほどに上達するのです。**

前はできたのに、忘れてしまった……。

何度も同じ間違いをしてしまう……。

ということも、気にしすぎることはないのです。

さあ、心機一転です。

**ここから新しく始まるのだと思ってみましょう。**

今度はただただありがたく、うれしい気持ちで音を鳴らしてみましょう。

心地好く叩くから心地好い音になります。

鳴らしながら魂が戻ってきてくれることをイメージして、明るく笑顔で「ありがとう」と思いながら鳴らしましょう。

**ティンシャに限らず、全ての行動はただただありがたく、うれしい気持ちで、心地好く行うことが大切です。**

ティンシャは、朝と寝る前に鳴らすのがおすすめです。

朝は今日1日を元気で頑張れるように。

寝る前には今日も1日ありがとうの気持ちを込めて、リラックスしながら行うと良いですよ。

それ以外にも、気持ちが乱れそうな時などに鳴らしてみてください。ティンシャを鳴らすことで、あなたの状態が自然とわかるのです。そのような道具を持てることに、ただただ感謝しましょう。

まあるく
あたたかい
たづ

# 第2章

# 「魂を守る」悪いものの対処法

# ポジティブな言葉を発しましょう

第1章では、魂の戻し方を具体的にご紹介しました。

この第2章では、戻ってきた魂が身体に安心して居続けられるように「悪いもののからの身の守り方」など、日頃のケアの方法をお伝えします。


まずお伝えしたいのが「言葉」です。

私たちは皆、言葉を使って生きていますね。学校の物理の授業で習うことですが、音は波動であり、エネルギーであるという量子力学の理《ことわり》があります。

**言葉は「音」ですから、言葉自体にエネルギーを持つのです。**

魂は高密度の生命エネルギーですから、「生きたい」というポジティブなエネルギーを、自分と波動が合うものとして居心地好く感じます。反対に、生きる気持ちを奪うような悪い、ネガティブなエネルギーを避けるように動きます。

つまり、**魂というのは、ネガティブな言葉を発することでも逃げてしまうものなのです。**ネガティブな言葉を避けることは、大切な第一歩です。

言霊《ことだま》というのは私たち日本人のご先祖様が見つけて、大切にされたものですが、正しいと言えるでしょう。

「ムカつく」「イライラする」「あの野郎」「最悪」などの言葉には、生きようと思うポジティブな気持ちを奪う、ネガティブな感情が乗っているのです。


あなた自身がその言葉を聞いてうれしい気持ちになるかな、ニッコリできるかな、心がぽかぽかと温かくなるかな？　と、そのように意識して言葉を選んでみましょう。そうすると、あなたの魂もその言葉を聞いてあなたと同じようにうれしく、ニコニコと温かい気持ちになるでしょう。

言葉は全てのコミュニケーションをスタートさせるものです。1つひとつの言葉を意識できれば、心地好いものを選べるようになるでしょう。

## 魂に向けた言葉の選び方

魂と言霊の秘密をご紹介します。

それは、「**魂は主語を理解しない**」ということです。

誰が、という対象ではなく、言葉の持つ波動そのものに反応するためです。

ですから悪口の対象が自分でも、別のほかの誰かであっても、魂は区別せず、ネガティブな言葉自体に反応して傷ついてしまう可能性があるのです。


また、気をつけたいことがもう1つあります。

それは、「**魂は否定文が理解できない**」ということ。その理屈は先ほどと同じく、否定文かどうかよりも、言葉そのものが持つ波動に魂が反応するためです。

例えば、不安な人を励ましたい時、「不安にならないように」と言うことは一見良さそうですが、魂は否定文の「にならないように」を判断できず「不安」という言葉だけをキャッチしてしまうことがあります。

これでは、言った人の魂も、言われた人の魂も「不安」になってしまいます。

ですから、否定語にせず「安心してね」という言葉を選んだほうが、お互いの魂は安心できるのです。

この考えで、同じようにありがちなのが、「ミスをしないようにしてください！」という言葉です。このように部下などに注意をすると、部下は、「ミス」という言葉が心に留まり、ミスしやすくなってしまうことがあります。こうしたちょっとした言葉のチョイスによって、魂はどんどん変わっていきます。

もしかすると、これを読んだあなたは、気をつけなければいけないことが多いと、大変だと思ってしまうかもしれません。

こう考えてみてください。

**言霊の真実は、私たちにとって朗報**だと。

「魂にアクセスするなんて不可能……！」と私たちは思いがちです。

**しかし、言葉を選ぶことによって魂にポジティブなエネルギーを送ることも、**

**ネガティブなエネルギーを送ることも、思うがまま。**

**自分でコントロールできるということなのですから。**


人のことをたくさん褒め、優しくしましょう。

「あなたは素敵ですね」と言えば、自分が素敵だと言われているような気持ちになるでしょう。「ありがとうございます。私、すごくうれしかったです」と言えば、自分がすごくうれしかったと言われているような気持ちになりますから。

## 悪口を言う人への対処法は「悪口を事実に変換する」

自分が気をつけていても、他人のことはコントロールしきれません。

「○○ってムカつくよね！」と悪口を言ってくる人は、どこに行っても存在するもの。ここでご紹介するのは、そうした人や言葉から魂を守る方法です。

**まずは、悪口に同調しないようにしましょう。**

「そうですよね」「私も実はそう思っています」など、悪口に同調して返事をしてしまうことがあるかもしれませんが、ネガティブなエネルギー同士が同調すると、そのネガティブがどんどん増幅してしまいます。

かといって、否定する必要もありません。誰かの言葉を否定するのは、人間関係のコミュニケーションからも難しい場合があるでしょう。

**おすすめの返答の仕方は、「客観的に状況を確認する」「事実として整理する」です。**「○○なことがあったんだね」「あなたは○○な気持ちになったんだね」など、まずは話を聞いて、ネガティブなエネルギーが乗った悪口を、ニュートラルな事実として言葉にするのです。

そして、**もしも余裕があれば、「でも○○さんは、優しいところもあってね。わかりにくいけど良いところもあるんだよ」など、悪口の対象となっている人のポジティブな話をしてみましょう。**

そうするためには、普段から人の良いところを見つける癖をつけておくことが大切です。人の欠点、短所ばかりを見ていると、いざという時に悪口しか出てこないものです。

それでも、ポジティブな言葉が出てこない場合は、まずは相手の話を聞き、そのまま、それ以上話を膨らませないようにすると良いでしょう。

ネガティブな話が好きではない、という雰囲気を醸し出して、**相手に無言で伝える**のです。相手も悪口を言ってもあなたが同調してくれないとわかれば、だんだんと悪口を言ってこなくなるはずです。

悪口を言ってくる人に対して距離を置くようになると、一時的に「ポジティブなふりをする偽善的で嫌な人」だと思われることもあります。

けれど、その姿勢を貫いているうちに、「あの人はポジティブで素敵」と憧れてもらえるようになります。

**あなたはポジティブの発信源になるのです。人を変えるのではなく、笑顔で優しい言葉を発して、自分が変わることで周りに伝播《でんぱ》させましょう。**

# 自分に向ける言葉こそ要注意

**意外と見落としてしまうのが、自分に対して向ける言葉です。**
**他人に対しては気を遣い、言わないようなひどい言葉も、自分自身に対しては**
**かんたんに言ってしまう人がいます。**

「私なんか人より劣っている」「私にできるはずがない」「自分が大嫌い」「生きる価値がない」……などです。

このような言葉を他人に言われたらどういう気持ちになるか、想像してみてください。……本当に辛くて悲しい気持ちになりますよね。

**それを自分で自分に言っているのですから、言うほうのネガティブさと、言われたほうのネガティブさで2倍のネガティブがあなたを襲うことになるのです。**

**自分を愛する言葉を発してあげましょう。**

ポジティブな言葉も、言うほうと言われるほうで2倍になるのです。
「私にはこういう長所がある」「上手くできないところも人間味があって良い」「私が大好き」「私は生きている価値がある」などなど。

もちろん、無理して嘘を言う必要はありません。
すんなり腑に落ちるような、自分への褒め言葉を探してみましょう。
些細《ささい》なことでも何でも良いのです。あなたは、あなたの一番の理解者なのです。
一番近くでいつも見てくれて、応援してくれているのは「あなた」なのですから。
「今日も頑張ってくれて、ありがとう」なのです。

## 食べ物のエネルギーをポジティブに変える

食事は毎日、誰もがするものです。

身体の中に取り入れ、あなたの一部となるものですから、良いエネルギーのものを取り込みたいと考えるのは当然でしょう。

そのときに、「食べ物に入っている添加物が気になる」という方も少なくないと思います。たしかに添加物がたくさん入っている食べ物は、自然のものと比べるとエネルギーが悪くなりがちです。そのような時に、食べ物のエネルギーをポジティブに変える方法をお伝えします。

**それは食べ物に、「ありがとう」と声に出して言うことです。「いただきます」と感謝して、美味しくいただくことです。**

それぞれの命をいただく感謝を忘れず、食べ物に「命をありがとうございます。命をいただきます」という思いで「いただきます」と食べ物に挨拶をしてから食事を始めるのです。

さらには、いただく前に食べ物がキラキラ光っていることをイメージすると、身体にとって良い働きをしやすくなります。その時にはできるだけ、合掌をすると良いでしょう。あなたの思いが伝わりやすくなりますよ。

そして、食べ終わりましたら、合掌して「ご馳走様《ちそうさま》でした」と感謝の思いを伝えましょう。食べ終えた後も、食べ物が身体の中で喜んでキラキラしているイメージをすると良いでしょう。

私はポジティブな感情が実際に目に見えると先ほどお話ししましたが、ものに宿る感情も実際に見ることができます。**不思議なのですが、食べ物にポジティブな声をかけてあげると、実際にそのエネルギーは高く変わるのです。**

また、好きなものばかり食べると健康に良くないからと我慢しすぎたり、添加物入りのものを食べたことを後悔したりする方がいらっしゃいます。

しかし、我慢や後悔の気持ちのほうが食べ物に悪いエネルギーを与えてしまうこともあるのです。

それよりも、**「美味しい、美味しい」と気持ち良く食べて、「この食べ物のおかげで私は生きている」と命を感じる**ほうが、生命エネルギーは輝きますよ。

# 不運な事故から身を守る

出かけた時に事故などに遭遇しないために、身を守る方法をお伝えします。

**まず気をつけたいのは、家から出る時と、家に帰る時です。**

家の中と家の外は〝気〟が違うのです。

「気が変わる」ことを意識するだけでも、安全な家の中で緩んでいた気持ちを切り替えて用心深くなります。


家を出る時は、玄関で心の中で「安全で良い1日になります」「見守っていてください」「いつも、ありがとうございます」と唱えましょう。

**言葉の音の結界で身を包むようにイメージしてみると良い**でしょう。

また、見送る側の場合は、「事故に気をつけてね」「転ばないようにね」などの言葉を言わないように気をつけましょう。

先ほどお伝えしましたように、「魂は否定文を理解できない」のです。「事故」「転ぶ」という言葉が頭に残らないようにします。「車に気をつけてね」などのように、その言葉が頭に残ってもマイナスにならない言葉を選びましょう。

大切なのは、笑顔で声をかけることです。声をかけられたらどのような感情になるかを想像して、「行ってらっしゃい」「頑張ってきてね」と、**言葉にキラキラを乗せるようにイメージして発する**と良いですね。

家に帰ってきた時には、玄関に入る前に、自分の肩、背中、頭のホコリを取るように利き手でサッサッと払うのを習慣化すると良いでしょう。特別、嫌な感覚がある場合は、塩を身体に１つまみでもかけて払うと良いと思います。そうすることで、身体についてきた邪気が払われやすくなりますから。

家の中に、嫌な気を持ち込みづらくなります。

玄関に入ったら、無事に帰ってきたことに感謝しながら、「ただいま」と声を出しましょう。**誰もいなくても声を出すほうが良いです。**声に出すことで、家も、ご先祖様も、自分自身も聞いてくれますよ。待ってくれている人がいるのであれば、たとえ疲れていても、笑顔で「ただいま」と声に出して伝えることが大事です。

**移動する時に、身を守るための言葉**もお伝えしましょう。

レンタカーやタクシーといった自動車、電車、飛行機などの乗り物に乗る時には、不運を避けるために良い言葉を空間に広めましょう。

例えば私は、乗り物に乗る前には一呼吸おいて、必ず挨拶をするようにしています。**声をかける対象は、運転手さんはもちろんですが、乗り物自体にも声をかける**ようにしています。これは心の中での挨拶で大丈夫です。「今日もよろしくお願いします」「安全に私たちを移動させてくれて、ありがとうございます」「安全運転でいきます」などと声をかけます。

さらにこの声掛けをパワーアップさせる秘訣は、**乗り物自体がキラキラして笑っているようなイメージをすること**です。

ぜひ、イメージをしながら声掛けをしましょう。

## 悪いものばかり引き寄せる時の対処法

魂が傷つき、疲れた状態が続くと、悪いエネルギーを持った人やもの、ことを引き寄せてしまうことがあります。

あるお客様が物件選びをしている時に相談に来られました。

10軒分ほどの間取り図を見せていただき、波動を感じてみると、明らかに「ここは悪い気に満ちている」とわかる物件がありました。

**でも、よりによってそのお客様は、「その物件が一番良い」と言うのです。**

魂が良い状態の方は良いエネルギーで身体も心も満ちています。

そうした方は、悪いエネルギーを持ったものに違和感を抱くものです。

しかし、逆に悪いエネルギーを持った人にとっては、悪いものと現在の状態にギャップがあまりないので、悪いもののほうが心地好いように錯覚してしまうことがあるのです。


危険であるのは、**魂が抜けた状態に慣れてしまうと、その不快な状態を普通だと勘違いしてしまうこと**です。

望んでいないのになぜかマイナスのものばかりを選んでしまう……という場合に、この悪循環を疑ってみましょう。

改めて、今のあなたの心の状態を感じてみてください。

暗くネガティブになっていませんか。

どのような時も、心は明るくキラキラ輝き、笑顔があふれ、「ありがとう」の心を意識するのです。流れが変わってくることを体験できると思いますよ。

## 霊的なものと出遭ってしまったら

霊感というのはある方とない方がいらっしゃいますし、とても繊細な話題になります。ですので、ここでお話ししますのは、はっきり言えないかもしれないものの、「説明のできない違和感・不快感・気味の悪さ」などを感じた場合も含み、広く「霊的なもの」との向き合い方です。

まず、この本を読んでくださっている多くの方が霊能者ではないと思います。ですから、**そういったものと遭遇したとしても、完全なお祓いをしようと思う必要はありません。**

お祓いをしようとは思わずに、明るいことを考えて、意識を霊や霊的だと感じるものに向けないようにしましょう。それでも、気になって仕方ないという方に向けて、霊能力がない方でもできる簡易的なお祓いをお伝えします。

# 音具の力を借りる

とても簡単な方法としては、ティンシャ、クリスタルチューナー、シンギングボウルなどのヒーリング音がするお道具の力を借りる方法があります。

それらのお道具を、その場所がキラキラするイメージで鳴らします。

**お道具とそのお道具が身をもって鳴らしてくださる音を聞き、感謝します。**

もしもお線香を焚《た》ける場所であれば、お線香を焚いて「安らかにお眠りくださ い」と合掌しても良いでしょう。

その場所が明るくキラキラしていることをイメージしてくださいね。

これらを行い、気持ちが楽になったら、もうその場所から霊的なものがいなくなっている可能性が高いと考えて良いでしょう。

# 魂を戻すワークで免疫力を高める

もしも、自分自身に霊的なものが憑いていると感じる時には、**あなたの魂が疲れている、もしくは魂がすでに身体から抜けていて、肉体の生命力が落ちてしまっている可能性があります。**

ですから、まずは、魂を戻すワークを実践してみましょう。

魂を戻すワークを行う中で心の中が明るくなれば、「ありがとう」と自分に声をかけます。気持ちが明るくなるだけでも、霊はそこが居心地の悪い場所になった、と感じるでしょう。もしもそれでも違和感があるようでしたら、お線香を焚き、肩、背中、頭を清めるように利き手でサッサッと払いましょう。

その時に、サッサッと払うタイミングで息を勢いよく吐くとより良いです。

**これらは簡易的なお祓いですが、行うと安心感が湧くでしょう。**

**一番良いのは、あなたがポジティブに笑っていることです。**

# 亡くなっている方との向き合い方

私の元にご相談に来られる方の中には、「亡くなっている方からメッセージが聞こえる感じがする」「それはなんとなく良い感じがしないもの」だと言われる方がいらっしゃいます。

霊の中でも特に亡くなられて、成仏できずに浮遊している霊を想像すると、それは「怖いもの」だと認識される方が多いかもしれません。取り憑かれたらどうしよう、もしかしたら今取り憑かれているかもしれないなど、考えると気になって眠れないという方もいらっしゃいます。

私は毎日、亡くなった方や天国に逝かれた方、不成仏霊として彷徨《さまよ》っている方とお話しししたり、見たりします。そして私からすれば、**生きている方と亡くなられた方は何も変わらず、肉体があるかどうかの差だけであるという認識です。**

**亡くなられた方も、生きている方と同じ「生の時間があった」**のです。亡くなり、肉体を持たなくなった霊とは、魂そのものと言っても良いでしょう。人生に後悔することがあったり、死を受け止められずに生きることに未練があったりすると、天国へ逝けずにこの世を彷徨ってしまうことがあります。

そのような意味では、**誰しもがその可能性を持つ**と言えるでしょう。

ですからお祓い中も、亡くなられた方には生きている方の相談を聞く時と同じように聞き、天国に逝けるように愛の思いで説得したりして導いています。

私たちは生きている間、悔いのない人生を生きなければいけません。

いっぽうで、それでももし悔いを残して死んでしまったとしても、それはその時の精一杯なのです。この世を彷徨う存在に対して、「怖い！　消えろ！」などと思うのではなく、その方の思いを敬い、「安らかにお眠りください」と優しい気持ちを向けるようにしましょう。

そうするだけでも、霊は温かい気持ちになって成仏しやすくなります。

**亡くなられた方の霊に安易に意識を向ける必要はありませんが、そのような思いが、とても大切なのです。**大切なのは、やはり愛を向けることなのです。怖くないと言われても、怖いと思ってしまうかもしれませんが、それでも少しでも、頭の片隅にこのことをおいていただけると良いなと思うのです。

そして、生きている私たちはこの命を精一杯生きましょう。生きている間に、人生で出会う全ての方へ「ありがとう」「ごめんね」「愛しているよ」と伝えましょう。私の元には、「予期せぬことで愛する人を亡くした。言い残したことがたくさんある。どうか言わせてほしい」と相談に来られる方が本当に多いのです。どうか後まわしにせずしっかり伝えてください。

さて、メッセージが聞こえるときの向き合い方です。

どうか、先述しましたように敬いと愛の気持ちを持って接してください。

もちろん、無理をする必要はありません。どうしても「怖い」と思う時には、心の中で合掌して意識を離しましょう。

基本的な向き合い方としても、心の中で合掌して、「ありがとうございます」

とお伝えし、興味本位の気持ちではそれ以上近づかず、敬いを持って挨拶だけをするのが良いと思います。

時には、どうしても、「このメッセージを聞かなければいけない気がする」と感じる時があります。もし、**そのメッセージが温かい気持ちになる感覚がある**時には、まずは深呼吸をして、心を落ち着かせることが大切です。

## メッセージに温かい気持ちになる感覚がある時

心が落ち着いたと思いましたら、お線香を焚いて、ろうそくに火をつけて、「何かメッセージがありますか?」と聞いてみても良いでしょう。ろうそくの火をじっと見続けていると、何かが伝わってくる感じがすると思いますので、その時は難しく考えずに、素直に感覚的にとらえるようにすると良いと思います。

メッセージを聞き終えたら、「ありがとうございました」と合掌して、お線香とろうそくの火は消します。

メッセージを聞いた日は、お風呂の湯船に塩を3つまみくらい入れて肩までしっかり浸かって入ると、心と身体が浄化されるでしょう。

大切な方が亡くなってしまったら、「再び会いたい」と思うのも当然です。強くその方を思うほど、なおさら強く望むでしょう。

また声が聞きたい、会いたい。そう願う方からメッセージが聞こえたと思ったら、聞いても良いと思います。「ありがとう」「愛している」とたくさん伝えてあげてください。

ただし、気をつけたい大切なことは、「お別れをした後は、本来であればもう声を聞くことも会うこともできない」という事実を少しずつでも受け入れることです。もちろん少しずつ、焦らずで良いのです。

あなたはこの地球上にいる数十億人という人たちの中から、それだけ大切だと思える方に出会うことができました。お別れが寂しいと強く感情が動く方と、あなたは出会えたのです。

その事実だけでも、すでにあなたは選ばれた幸福な方です。

あなたは選ばれて生きているのですから、この先も生き続けなければいけません。この先も、大変な思いをすることがあるかもしれません。予期しなかったお別れがあるかもしれません。それでも、その経験ができるのも「生きている証」であり、ありがたいことなのです。

「今日1日、目の前の人を大切にして笑って生きてくださいね」

それは、あなたが愛し大切にした人があなたに望んでいることでもあるのです。

あなたがその人を愛《いと》しいと思うのと同じように、亡くなった方もあなたを愛しいと思っているはずです。

「幸せに生きてほしい」と思っているはずです。

## メッセージに怖い感覚がある時

少し注意が必要なのは、**伝わってくるメッセージが怖い感覚になったり苦しくなったりする感覚がある場合**です。

私からのおすすめとしては、そのような時は、あえて詳しくメッセージを聞こうと思わず、意識をそらすようにしましょう。

そのような日は、お風呂の湯船に塩を3つまみくらい入れて肩までしっかり浸かって入ると良いでしょう。メッセージのことを考えずに、代わりに楽しいことを考えるようにしてほしいと思います。

私は毎日、亡くなった方や、亡くなった後も天国に逝けずに彷徨っている方々にお会いするとお伝えしました。私たちは、ご先祖様あって、偉人たちの功績あって、今、自分がこのような形で生きていられますね。

戦争時に亡くなった方、天災で亡くなった方、知らない方でも、未《いま》だ彷徨っている方など、まだ世界中には浮かばれない方がたくさんいらっしゃるのです。

ですから、もし可能なら、そのような方々を敬い合掌していただきたいですし、皆さまと私で力を合わせ、一緒に祈りを捧げたいと思っています。

**ですが、ネガティブなメッセージであると感じるならなおさら、魂が弱っている段階で無理して行おうとする必要はありません。**

無理せずに、あなたの魂の生命エネルギーを回復することに専念しましょう。

亡くなった方々への向き合い方は、この本の最後に改めてお伝えします。

## どうしても辛い時に唱えたいメッセージ

日々、いろいろな感情が胸に湧いてくるでしょう。ポジティブにするのが良いとわかっていても、そうできない時だってあります。

当然です。皆そうです。あなただけのことではありません。朝起きたそばから

「辛い」「悲しい」と感じてしまう方もいらっしゃると思います。

**では、どうするか。**

**「ネガティブ感情も、神様からの贈り物」だととらえてみてください。**

悩みがあって、悲しかったり辛かったりすることも。
やりたいことに挑戦したいけれど、勇気が出ずに躊躇《ちゅうちょ》してしまうことも。
必要以上に気合いを入れて空回りしてしまうことも。
緊張してギクシャクしてしまうことも。嫉妬心が湧くことも。

**これらは全て、〝生きているからこそ生まれる感情〟だと思ってみるのです。**

ここで、私からあなたに贈りたい、特別なメッセージがあります。
もし良ければ、悩み、辛い時に口に出して唱えてみてください。

「私は自分に生まれてきて良かった。
難しく考えず、目の前のことをさせていただくだけです。
天よ、お願いがあります。
どうか私が生きている間、ずっと見守っていてください。

地球よ、お願いです。私をずっと支え続けてください。
内なる自分よ、いつも頑張ってくれてありがとう。
これからもよろしくお願いします。
今日も最高の自分を生き抜きます。

今日という日は最初で最後。
その積み重ねを経て、私は死を迎えます。
最高です。命に限りがあるからこそ全力で頑張れます。

自分らしくパワフルに、私は今を生きていきます」

## 自分の感情を感じる

あなた自身の感情は、生きているからこそ生まれるもの。

ですから、全て尊いものです。

**「全ての感情は尊い」と思えてきましたら、その次は、感情に向き合ってみましょう。**見ないふりをしないでください。嫌う必要はないのです。

どのような感情も、実は、駄目なことはありません。

雨があれば晴れがあり、雨にも素敵な一面があるように。

大きな失敗や過ちからしか学べないことがあるように。

**全てが実は、素敵なことにつながっているのです。**

ですから**大切なのは、ネガティブをそのままネガティブなままにしない**こと。

例えば、「人の成功が羨ましい」「なぜ私はあの人みたいに美人じゃないんだろう」など、嫉妬の感情に駆られることもありますね。

でもその気持ちは「成長したい」という思いの裏返しかもしれません。

そうであれば、上昇志向の現れです。

自分の気持ちを素直に認めて、本音を確認してみましょう。

「私もあの人のように成功したい」「私ももっときれいになりたい」という本当の気持ちが見えてくるはずです。そうするうちに、心が明るくなってきて「自分はこれで良いんだ」と思えるようになってくるはずです。

私もあなたも、今日を生きているのです。

未来は明るいのです。今日も笑おうね。

# あなたの欠点はチャームポイント

自分の欠点が嫌で仕方ないという方は、いつかその欠点が自分のチャームポイントだったと気づく日が来ます。

周りを見てみてください。

欠点を持っている人間でも、良いところもいっぱいありますよね。

**欠点があるからこそ、人間味があって愛おしい存在になるのです。**

私にもたくさんの欠点があります。

けれど、全部が私なのだ、と気づいた瞬間がありました。私という人間は、欠点も含めて、自分以外の人様のおかげで生まれてきたものだからです。

**欠点も含めて、生まれてきたことを天から祝福されているからです。**

私という存在を生んでくれたのは両親のおかげですね。

お父さん、お母さんありがとう。ご先祖様にありがとう。

ここまで育ててくださった方がいます。学校の先生や友達、給食を作ってくれた方々、通学路で旗を振って私たちの安全を守ってくださったお爺《じい》ちゃんにも皆にありがとう。


過去から今までに全てがあって、自分がここに存在しているのです。

**生まれてきたことを、祝福されていないわけがないのです。自分の欠点や病気などに対するストレスは、人と比較するから生じてしまうものです。**


誰しも、その人にしかないものを必ず持っています。

人と比較するのをやめて、自分の欠点も含めて認め、愛した時に、魂ものびのびとすることができるでしょう。

魂は生まれ変わる時に、あなたを選んで生まれてくるのです。最適な状態を選んで、最もふさわしい状態で生まれてくるのです。

あなたでなければ駄目だったのです。

あなたは天から妊娠する母を見つけ、「行ってくるね」と天に伝えて、ワクワクして、お腹の子として宿り、あなたとして生まれてきたのですよ。**「私に生まれて良かった」**。ぜひそう呟《つぶや》いてみてください。

## 病気や障害も自分の一部に変える

私は、人様がどのような病気を持とうと障害を持とうと、それはその方の素晴らしい個性だと思います。私自身も実は、病気を抱えています。障害を抱えている方たちとも出会ったことがあります。

ある日、子どもの頃から重い病気を抱えている親子が私の元にいらっしゃいました。お母さまは子どもを指し、「うちの子は普通じゃないから恥ずかしい」「外も歩けない」とおっしゃっていました。

**けれど、病気というのは、あくまでも身体の話だと気づいてほしいのです。**
**魂に病気というものはないのです。**
私はそのことをお伝えし、お子さんの魂を見てみました。
その子の魂は美しいほどに純粋で、きれいに澄んでいたのです。

**いったい何が普通なのでしょう。**
**普通って誰が決めたのでしょう。**
例えば、五体満足と言われる状態が普通だと思っている方は多いですね。
しかし、**五体満足かどうかなど、魂にはなんの影響もない**ことなのです。
どうとらえるかが、とても大切なことです。
全てが素敵な個性だと気づいていただきたいのです。

お母さまは、その子に対して「不憫《ふびん》だ」「かわいそうだ」と思っていたようです。
ですが、子どもは自分自身のことをそのようにとらえてはいませんでした。
だからこそ、その子の魂はきれいに輝いていたのです。

自分の思うままに素直に生きていて、とても素敵な魂をお持ちだったのです。

「こんなに素晴らしい魂を持っていて、見ている私が元気になりました」

と私がお伝えすると、お母さまは号泣していらっしゃいました。

「たづさんにはそう見えるんですか？」と言われました。

「お母さんには、そう見えてないんですか？　お子さんは誰よりも生き生きしていてストレスなく、心の中は踊って笑っていますよ」

私がそう伝えると、お母さまは、「そう言ってもらえて、心が楽になりました」と言われました。

でも私は魂を見て、素直にそのまま見えたことしか言っていないのです。

わたしが
笑うと
あなたが
笑う

たづ

# 第3章

# 際限なく奇跡を呼ぶ「魂の活性化」

# 起こることは全て「天からの課題」

悪いものへの対処法を第2章でお伝えしましたので、魂の免疫力も高まり、あなたの魂は以前よりもぐっと安定しているでしょう。

少しの悪意や困難であれば、惑うことも減ったのではないでしょうか。

**この段階になると、今度はあなたの魂をより高みに導くための「試練としての苦難」が訪れることがあります。**

**そう、今、あなたの魂はレベルアップする準備ができたのです。**

人によってはこれまでの過去に、信じがたいような苦難や、不慮の事故など、向き合うことすら逃げたくなるような出来事が起こった方もいらっしゃるかもしれません。

**逃げても良い**のです。

ですが、もしもあなたが、少しずつでもその出来事と向き合ってみようと思うのであれば、**私はあなたのその勇気を全力でサポートする用意があります。**

楽しい、うれしい出来事があるとポジティブな気持ちになり、その出来事に感謝することはできますが、学びは薄く感じられるかもしれません。

むしろ、「辛い」「不満だ」「悲しい」「ムカつく」「寂しい」と思うような出来事に遭った時こそ、大きな学びが得られることが多いのです。

私はそれを理解しているため、**一見嫌なことが起きた時こそ、即座に「まだこれから成長できる余地があるんだ」「ここから何を学べるのだろう」という気持ちを抱いてしまう**のです。

私自身、過去に自分の心を見失った時にうつになり、自分で自分の命を絶とうと思ったほど、人生が辛くて仕方なかった時がありました。

でもそうした経験があったからこそ今立ち直り、苦しい人生でも、絶対逃げない、私は生きるぞと思い、ここまで来ることができたのです。


今の私には、この世の中がいつも感動的に見えています。

全てが素晴らしい世界です。

でもこれは、実は、「私が作った世界」です。

**私の心が世界をいつもポジティブにとらえているからこそ、世界がポジティブに見えるのです。ポジティブな感情でいることで、世界が現実にポジティブになっていくのです。**


目の前に起こることは、全て天から与えられた学びのための課題。

そう思っているかいないかの差があるだけで現実が大きく変わって見えます。

いかに毎日をポジティブに過ごせているかで、魂も鍛えられていくのです。

この章では困難を学びに変え、魂を活性化させるための方法をご紹介します。

## 「繰り返し起こる嫌なこと」には大切な学びがある

あなたにも過去に、辛い出来事はたくさんあったかもしれません。

その時は辛くて仕方なかったかもしれません。いっぽうで、もしかすると、振り返ってみれば、そこから学べたこともあるかもしれません。


繰り返しあなたの前に訪れる出来事というのは、

**「学び、次のステージへ向かう時です」**

**という天からのメッセージである可能性があります。**


もちろん、今がその時ではないと思えば、保留にすることもできます。

無理に向き合う必要はありません。

しかし、いつかは必ず向き合わなければならない時が来ます。

あなたの魂は、あなたをより高みへ連れていきたいと思っているのです。

自分の内面に向き合うのは、辛いことも多い作業です。

しかし、そこに取り組んでこそ、強さを学べるのです。

## 全ての現象に意味をつけているのは自分自身

**天は「全ての現象には感情・心はない」と言います。**

日々起こっていることには全て、本来は感情というものはありません。あなたが不安を感じている世界情勢について、まったく気にしていない人もいます。

同じ現象を見ても、「ありがとう」と思う方もいれば、「怖い」と思う方もいます。そこに感情的に意味をつけているのは、全て自分自身なのです。


**全てが「無」であり、意味をつけ、感情を作るのが自分自身であるならば、そ**

**これこそ朗報です。**

**それならば、自分自身の工夫で、全ての出来事に「愛」を意味づけてあげることができるということですから！**

もちろん、生理的に嫌なものを無理に好きになろうとしなくても良いのです。

それでも、なるべく目の前のことをポジティブにとらえたほうが、前向きな気持ちになれます。

自分の魂が発しているエネルギーに近いエネルギーを引き寄せる、というお話をしましたね。人、もの、ことは引き寄せ合うものです。幸せだなと思っていると、幸せなことが起こり、不幸だなと思っていると、不幸なことが起こります。

**この世界はとてもシンプルです。**

**この世界はとらえ方次第で、いくらでも目の前の現実を変えていくことができます。あなたの人生を作り上げるのはあなたの魂なのです。**

あなたのポジティブな意識は周囲にも良い影響をもたらしていきます。

地域へ、日本へ、世界へと広がっていくポジティブなエネルギーが、地球の安定をもたらすことにもつながるでしょう。

## 大変なことが起こった時の心構え

生きていると、大変なことが起こりえます。

それは、自分自身の周りに起こることから、未曾有の災害や世界的パンデミック、大不況やトラブルなど、世界規模、宇宙規模で起こり、1人の力だけでは避けられないものまで大小あるでしょう。

いっぽうで、あらゆることは天からの課題だともお伝えしました。

**災難に遭遇すると、最初はおそらく、焦ってしまうでしょう。**

**心の準備ができたと思っていても、誰でも最初は怖いものです。**

そのようなときは、焦らず、まず88ページの「太陽を灯して居心地の好い場所にする」を行ってみてください。

**心に太陽を灯すのです。**

大変だ、ピンチだ、と思った時ほど、自分の心の状態がとても大切なのです。心に温かさを取り戻せば、自然とポジティブな波動が出て、落ち着いて対処できるようになります。「ピンチはチャンス」だととらえてください。

自分次第で現実は変えることができます。

**答えは全て自分の中にあるのです。魂の中にあるのです。**

そのことを忘れず、魂にパワーチャージし続けてください。明るい光を与え続けようとしてください。現実がどんどん、大きく変わっていきますよ。

# 愛で向き合えば、どのような人も変わる

**私もまだ、学びの途中です。**

でも少しずつ自分自身と私の魂を高め、本当の愛と強さを学ぶことができてきていると感じています。

私自身も日々浄化をし、魂に明るさを灯し続け、迫りくる試練と向き合う準備を進めています。

ですから、例えば、「もし今、私の愛する人を庇《かば》うために人から刃物で刺されたとしても、私は怖くない」という気持ちを抱くことができてています。

それは辛く悲しいものではなく、私に与えられた学びの機会なのだと受け止めることができるのです。

私は過去に辛い経験をしてきました。「一度はここまで落ちぶれた私が、浄化の力を学び、日々感謝し、ここまで成長することができた。それでもこの先また困難に遭い、転落したように見えることがあったら、それはさらに高みを目指すために天が与えてくださった学びである。今の私は必ずその困難を学びに変えることができる」と、そう心から思うことができるのです。ですから、どのようなことがこの先待ち受けていようとも、私は怖くないのです。

ここまで思えるようになったのは、まさに浄化の力と出会ったおかげです。以前の私でしたら、こう考えることは到底できるものではありませんでした。「できることなら困難になんて遭いたくない」と思っていたでしょう。

今の私の状態というのは、私が浄化の力を継続して行ってきたからこそなのです。**あらゆる困難は、最適な、最もふさわしいタイミングで天が与えてくださるもの。**そのように思えて仕方ないのです。

もちろん、対策をしていないわけではありません。

命を軽んじているわけではありません。

私は私にできる最大の対策をしています。

やるべきことを最大に努力をし、前向きにとらえた結果、マイナスのように見えることが起きたとしても、それはやはり天からの試練だと思うのです。


私は殺害予告を受けたことがあります。

「この仕事を辞めなかったら、従業員もお前も家族も皆殺しにする。だから早くその仕事を辞めてこの店を閉めろ」と言われたのです。

普通は、恐怖におののき、精神も不安定になり、外に出るのも嫌になるでしょう。

しかし、私は「相手がここまで言うなんて、どれだけ辛い人生を送ってきたのだろうか」と思ったのです。


その方と話がしたい。そう思い、ＹｏｕＴｕｂｅで語りかけてみました。

「殺害予告なんて、本来は許されないことです。でもあなたは自分の気持ちの行き場がなくなってしまって、誰かに見てもらいたくて、このようなことをしたのかもしれないと思っています」と伝えました。

そして、「私はどのような人も素敵だと、本気で思っています。あなたも素敵なんですよ。だから私があなたを認めます。あなたは絶対幸せになってくださいね」と、そう伝えたのです。

すると誹謗中傷がピタッと止まったのです。

**相手の方も、本気で私に仕事を辞めてほしい、スタッフや家族を皆殺しにしたいと思っているわけではなく、ただ、愛されたいだけだった**のです。

**愛は通じるのです。天はいつも私たちを見てくださっています。**

**私たちに与えるものは全て必要で、そのタイミングにふさわしいものです。**

天は温かく愛にあふれた存在です。

その大きな愛をもって与えられるものが怖いだけのはずがないのです。

# 私たちは完璧ではないからこそ、生を享けている

「たづさん、すごいね」とおっしゃっていただくことがあります。けれど、まったくすごいことはありません。人間は誰もが未熟で、完璧ではないからこそ、天は生を授けて学ぶ機会をくださっているのです。

**私も皆さんと同じです。だから私もここにいるのです。**

ある時私は、声が出なくなってしまったことがありました。

その時私は、日頃から大変お世話になっていて、同じアナウンス学校の大先輩でもある、大好きなミュージシャンのバブルガム・ブラザーズのBro.KORN（ブラザー・コーン）さんを思い出したのです。

KORNさんは乳がんを患いました。

乳房切除術を受けて左乳首を切除した姿を、取材中、「見ますか？」「離乳アル（リニューアル）しました！」と冗談を交えながら、にこやかにお姿を披露されていらっしゃいました。**どのような状況下でも、笑いに変える前向きな姿勢**に勇気をいただいたことを思い出しました。

KORNさんとはもう、長くお付き合いをさせていただいています。抗がん剤治療中もお会いすることができました。副作用で身体が辛くなっている時も、ご飯を一緒に食べました。

私は、その方とお会いすればその方が抱える痛みや辛さがわかります。ですから、KORNさんとお会いした時に、「今は気丈に振る舞ってくださっているけれど、身体中すごい辛さを抱えている」ことがわかりました。けれど、KORNさんはそのようなことを少しも言わず、素振りにも出さないのです。

ＫＯＲＮさんはおっしゃっていました。

「頑張って復帰して、歌に救われた自分の恩返しとして、皆に歌を届けたい」と。

**手術の前と後とで、ＫＯＲＮさんの表情や身体からにじみ出るものが変わった**ように私には見えました。

以前は目が見えないサングラスを常にされていましたが、最近は目が見えるカラーサングラスをかけることが増えていらっしゃいます。

これはインタビューでお話しされていたことですが、それは、「目を見せて笑っている姿を皆に見せたい」という思いからだそうです。以前に増して、写真を見ても、お会いしても、温かく優しいお人柄が強く伝わってきます。

復帰後のＫＯＲＮさんのライブに行かせていただいた時には、病気と向き合って、人のために歌を届けている姿に涙が止まりませんでした。

ＫＯＲＮさんの歌から、いつも生きる活力をいただいています。

ライブが終わった後に、「抗がん剤の副作用もあって、実は、途中で倒れるかもしれないと不安だったよ。でも、たづがずっと祈ってくれていることがわかったから、おかげで歌い切れたよ。ありがとうね」と言ってくださったのです。

ライブ中ずっと、私は祈り続けていました。KORNさんはそのことを感じ取ってくださっていたのです。

歌い切ることができたのは、KORNさんの努力と多くの方々の祈りの力ですね。そして、目に見えない守りの力なのだろうと思います。皆さまから愛されているKORNさんですから。

そして、**「いろいろなことに向き合い、助けてもらった命を通して、優しさを学ばせてもらった」**とも言われていました。

私は声が出なくなった時に、このことを思い出していました。どのようなことがあっても、いつも前向きに物事をとらえているKORNさんのそのお姿は、私の勇気にもなりました。

**人が病を患う意味とは、まさに、「愛」に気づくためなのです。**

**もしこのまま声が出なくなったとしても、そのことをあるがまま、今の状態を全て受け入れよう、と思ったのです。**

人と人との出会いによって、私たちは多くのありがたい学びをいただいているものです。

ＫＯＲＮさん、いつも感謝しています！

声が出なくなった時には、「これから講演会やカウンセリングの予定もあるという時に、天はこんなにも大きな試練をくださるんですね」と思いました。

そして、「天がもし私の声帯を取るのであれば、そこから私が愛と強さをさらに学べば、きっとまた私は、これまで以上の幸福感を味わうことができるんだろうな」とわかって、内なる力が湧いてきたのです。

子どもたちにも伝えました。

「ママはもしかしたら、声を失うかもしれないから一応言っておくね。ちょっと怖いけど、絶対ママだったら乗り越えられるから大丈夫だよ」と。

その後、病院を変えて、別の薬を処方されたことで薬が効き、声は出るようになりました。私は再び声が出た時にまた感動して泣きました。

声が出ることがこんなにもありがたく素晴らしいことなのだと思えて、この声が愛おしくて仕方がないと思えたのです。

声が出なくなり、このまま声を失うかもしれない恐怖を感じたからこそ、味わえた感動でした。**天が与えてくださる試練からは、何にも代えられない学びがあるとつくづく感じさせられます。**

私は今、自分にできる最大のことを一生懸命にやっている自負があります。どん底から這《は》い上がり、まだまだですが、以前よりは強くなったとも思っています。

ですから、それでも対処できないことに遭遇するならば、「**天はこのような状況でも試練を与えてくださる。まだまだ私を強くしようとしてくださる**」と、ありがたくその試練を乗り越える覚悟でいます。

支えてくださった全ての方に、ありがとうございます。

## 幸せはお金があることではなく、愛にあふれていること

**生きるために切っても切れない、お金の話をしたいと思います。**

私は両親からお金との向き合い方と、愛にあふれた幸せとは何かを学びました。

我が家はとても貧乏で、住んでいた家もみすぼらしいものでした。

幼少期の私には周りの家が豪邸に見えていて、劣等感を抱いていたのです。

私は学校では学級委員長になったり、生徒会長になったり、キャプテンになったりして、いつもリーダー的存在で目立っていました。

ですが、そんな私の家がみすぼらしいというギャップに、自分で勝手に恥ずかしさを感じていたのです。

帰り道は近所の大きなお家に入っていくふりをして、自分の家がバレないようにしていたこともありました。学校の先生が訪ねてくる家庭訪問についてはごまかしがきかないので、本当に嫌でした。

一度、父に、申し訳ないなと思いながらも聞いたことがあります。

「なんでうちはこんなに貧乏なの？」と。

父は言います。

「たづ子、いつかたづ子にもわかる日が来る。お父さんは今の生活を恥ずかしいと思ったことが一度もないんだ」

「うちは皆で膝を合わせて食事しているのに気づいているか？　そこにぬくもりを感じると思わないか？　食事中、皆がいつも笑っていると思わないか？」と。

私の家は、本当は6人きょうだいでした。ですが、私の兄と姉が2歳と3歳で亡くなり、今は4人きょうだいなのです。私が生まれてきた時には上の2人はもういませんでしたから、4人きょうだいとして育ち、父と母とで6人家族が小さなテーブルを囲んで食事をしていたのです。

父は、「一番大切なのはお金じゃない」「家庭には愛があふれているということが一番大切で素晴らしい、ということに、たづ子にはいつか気づいてもらいたい」と言うのです。

お父さん、ありがとう。今の私はそのことに、ちゃんと気がついていますよ。

## 25歳で1000万円を騙し取られて気づいたこと

私が大きな学びを得た時の話をしましょう。

私は25歳の時、詐欺被害に遭いました。

勤めていた会社の社長に騙されたのです。

その社長は全国指名手配になり、大きなニュースにもなりましたが、私はそのことをずっと両親に言えないままでいました。

小さな頃からずっと優等生で生きてきたために、私が悲しんでいると知れば、両親も悲しむだろうと思ったのです。

家が貧乏なのになぜ私が1000万円も出せたかというと、サラ金からお金を借りていたからです。社長からは、「必ず返すから」と言われていましたし、実際に、初めのうちはいくらか返されていたのでそのお金を返済しながら、返済した分をまた借金して、それを社長に渡す……ということを続けていました。そして、途中で社長は消えてしまったのです。

当時まだ私は実家に住んでいました。ですから、実家に取り立ての男性から電話がかかってくるようになり、とうとう両親が知るところとなりました。

急に男の人から電話がかかってくるようになったので、さすがに父はおかしいなと思ったようです。

「たづ子、何が起こっているのかしっかり言いなさい。お父さんにはわかるよ」

と父から言われ、

「実は詐欺に遭って1000万円を騙し取られました。その人は消えてしまって、警察に行っても捕まえられないと言われました」

と、全てを打ち明けたのです。

話を聞いた父は、

「辛かっただろう。話してくれてありがとう」

と言いました。決して、

「なぜそんなことになったんだ」

「騙したのはどんな奴なんだ」

などとは聞かなかったのです。

そして、最も衝撃的なことに、父は穏やかな声で優しく、

**「たづ子は今、素晴らしい経験をしているんだな、たづ子はすごいな！」**

と言ったのです！


父はこう続けました。

「今たづ子は25歳。25歳のうちにこのことを学ばせてもらったのは絶好のタイミングだ。ここで騙されてなかったら、この先、40代50代60代になった時にこの何倍もの、何千万円、何億円と騙されていたかもしれない」

**「25歳で1000万円というのは、たしかに高いかもしれないが、授業料だと思えば、一番ちょうどいい年齢と金額だったん**だよ」

「返せない年齢と金額じゃない。たづ子は必ずできる。そうは思わないか」


さらに父はこう言いました。

「これを乗り越えたら未来のたづ子は必ず大きくなっているはずだ。だから、最

後に1つ言う。これは一生忘れちゃいけないことだ」

「たづ子を騙した人は悪いことをした人かもしれない。**でも絶対にその人を恨んではいけない**」

「その人を恨んだら、これからたづ子はずっと恨みの人生を続けることになる。そして誰かからまた恨みが来ることになって、たづ子は一生人を信じられなくなり、常に疑心暗鬼になって笑えなくなって、幸せにはなれなくなる」

「授業料だと思い、一生の学びに変えなさい」


父の言葉のおかげで、**私は騙した人を恨まずに済みました。**

そして、さらに私はその後いつも、「私を騙した人が幸せになれますように」と祈り続けました。


**金額よりも、人を恨まずに済んだというのは、後々とても大きなことであったと気がつきました。**

恨みの心が癒えないまま、一生その人にとらわれてしまう危険だってあったのですから。

そして、**父の言う通り、借金を完済し、その後私は1回も詐欺に遭ったことがない**のです。この時の学びが良い教訓となり、その後は怪しい話を避けられるようになり、「NO」と言える強さも身につけられるようになっていました。

## チェックシートをもう一度確認

ここまで読み終えてくださいましたら、ぜひ、76ページのチェックシートに戻っていただき、魂の入り度合いを再び見てみましょう。

本を読み始めた時よりも、きっと数値が上がっていると思います。

この本を読む前の心の状態を思い出してみてください。

今はそれよりも、だいぶ心がポジティブになって、挑戦する気持ちも湧いてきているのではないでしょうか。パワフルに自分らしく生きているという実感も持てているのではないでしょうか。

**天は人間に限界を与えません。**
**つまり、あなたの可能性は無限大です。**

本の内容を実践するうちに、数値はもっと上がっていき、今までできなかったことができるようになっていくでしょう。

それは、自分を信じられるようになり、勇気を持って行動できるようになってきているからです。

思考もさらにポジティブになってくるので、自分が楽しいと感じられる方向に行けるようになってきて、思い通りの幸せな人生を歩めるようになっていることと思います。

もちろんこれは、あなたの頑張りと努力のたまものです。

素晴らしいですね。

そうして自分が正しい方向に向かうと、どんどん自分らしい、自分がやるべきところに行くようになりますから、人生が面白くて仕方なくなります。

**夢も叶うようになります。**

**夢というのは、届かない光のようなものではなくて、自分がやるべき使命です。**

次の章では、さらに魂をパワーアップして夢を叶える方法をお話しします。

そんな
あなたが
愛しい

たづ

鶴

# 第4章

# 魂をさらに輝かせる「感謝の魔法」

# まずは感謝の気持ちを持つこと

この本も、いよいよ最後の章になります。

これまでこの本では、大きく3つの大切な真実についてお話をしてきました。

**悪いものを浄化すること、魂を身体に戻すこと、魂を活性化させること**です。

悪いものを浄化することで、魂は身体に戻り、パワフルな人生を発動できるようになります。成功者は、次々に新しいことに挑戦していきますよね。集中力があり、エネルギーがみなぎっているように見えます。それは、**魂が100%身体にしっかりと入っているため**です。

さらには、先ほどの第3章で魂をレベルアップさせるための「学び」の大切さをお伝えしました。魂がレベルアップし、活性化すれば何をやっても上手くいき、奇跡は当たり前、運が良いのも当たり前の人生に瞬く間に変わっていきます。

この、最後となる第4章では魂をもっと強く輝かせ、際限なく高みへとあなたを導くための「感謝の魔法」についてお話しします。

「感謝の魔法」を知れば、あなたの魂はさらに強く輝き、お金、人間関係、才能、コンプレックス……などあらゆる問題が解決するようになるでしょう。

では、なぜ「感謝」なのか。私自身、天に聞いたことがあります。

「私をより高みに導くために、さらに愛と強さを学ぶために、私が受けるべき修行とはなんでしょうか？」と。

すると天は、「日常の全てに向き合うことだ」と答えられたのです。

**日常に向き合うとはどういうことかというと、その第一歩こそが、「感謝すること」なのです。**

感謝の魔法と出会うことで、私の人生は劇的に変わりました。

少し長くなってしまうのですが、どうか私の話を聞いてください。

今でこそいろいろな方に人生のアドバイスをしている私ですが、過去には自分自身も辛いことだらけの人生を送ってきました。

そして以前の私は、「霊能力や病気がなければ私には素晴らしい人生があったのに」といつも思っていました。


今でこそ私は霊能力を仕事に活かしています。

自分の能力にも感謝しています。

しかし、ここまで来るためにはとても長い道のりが必要でした。

霊能力があることを、人から羨ましがられることも多いのですが、実際にこの能力を持ってみると、辛いことのほうが多いかもしれません。


例えば、通勤のために電車に乗ると、吊り革には前に触った方の情報が入っていて、触ると苦しくなってしまうのでつかむことができません。

座席に座っていても前に座っていた方の情報が入ってきます。隣の人と触れることがあれば、その方の思いや性格などがわかってしまいます。

休みの日に美容院やネイルや整体で初めてのサロンに行く時は、その場に霊がいないか、担当者に霊が憑いていないかどうかが気になってしまいます。以前につけたヘアエクステの人毛にも霊や提供した方の情報が入っていて苦しくなり、すぐに取ったこともありました。

買い物に出かけても、ものを見ると、それを作った方や、前に触った方の情報が入ってきます。歩いていれば、道端に時空間が歪《ゆが》んでいる場所を見つけることもあります。ゆっくり歩くとその、〝悪い場所〟に引きずり込まれてしまうので、近づかないように気をつけています。

テレビでひどい事件を報道しているニュースからも低い波動や感情が入ってきてしまいます。

その事件で被害者の方が受けていらっしゃる痛みさえも感じてしまうのです。

……今でさえこのような状態で、あげればきりがないのですが、自分の能力を受け入れられていない小さい頃は、さらに辛い思いを抱えることになりました。

霊や悪魔などが見えることが気持ち悪いと思われ、盗みなど何か問題があると、真っ先に疑われてしまうのです。

自分を受け入れられないままの時間は長く続くこととなりました。

自分の能力を嫌い、恥ずかしいものだからと隠したままで生きていました。


25歳で借金を背負ったとお話ししましたが、その後、夫との離婚も経験します。

この時期は最も、「なぜ自分ばかりがこんなに辛い仕打ちに遭うのだろう」と、自分の不幸探しばかりをしていました。

魂は傷んでズタズタになっていたと思います。

悩み続ける毎日に嫌気がさし、とうとう自殺も考え、遺書を書き始めました。


その時、天からメッセージが降りてきたのです。

**それは、「感謝」という文字**でした。

さらに、「あなたは絶対死んではいけない」という天の声が聞こえてきたのです。でもその声に対して、心がネガティブに振り切っていた私は、「うるせえ！」と返したのです。

「今さら、感謝なんて押し付けるのはやめてください。私はこれまで一生懸命生きてきたのに、ひどい仕打ちばかり受けてきました。今さら感謝をしたって何も変わらないし、もう命も惜しくありませんから死にます」

そう言うと、天は、「あなたは必ず変わる日が来る」と言うのです。

そして、「**今日から感謝を探しなさい。感謝を探したらあなたは必ず変わる日が来て、これから人を救う立場になる日がやってきます**」と続けるのです。

最初は信じませんでした。でも、天からの「感謝を探せばあなたは変わり、人を救う日が来る」という声が本当ならば、最後の賭けとして挑戦してみる価値があるのかもしれない、と思ったのです。

「天の言う通りにならなかったら、その時は死のう」と思い直し、自殺をするのはもう少し待つことにしました。

そしてその日から私は、ノートを用意して毎日感謝を書き始めました。初めのうちは、日常の中に感謝できそうなことを探そうと思っても、魂がズタズタに傷んでいた私には、悲しみと辛さと憎しみと寂しさしか湧いてこず、ノートには恨み言が溜《た》まっていくばかりでした。

それでも、「やると決めたからには本気でやるしかない!」と思ってひたすら感謝を探し続けるうちに、1カ月経って初めて、「子どもに出会えたこと」という感謝が湧いてきたのです。

実は私は幼い頃から身体が弱く、持病もあって、医師からは「子どもを産めない身体」と宣告されていました。

それでも諦めきれず、医師に懇願して主治医と産婦人科医とでタッグを組んでもらい、1人授かることができました。

さらには、私は病気で早く死んでしまうかもしれないからと、きょうだいを作ってあげなければと思い、さらに医師にお願いしてもう1人授かることができました。ですからうちの子どもたちは年子で、2024年の今年は娘が大学4年生、息子が大学3年生になります。感謝を探し始めて一番初めに出てきたのが、その子どもたちと出会えたことだったのです。

そしてそこから急に感謝の気持ちが止まらなくなり、どんどんノートに書けるようになりました。そのうちに、気持ちも変わっていき、「私は自分が不幸だとずっと思っていたけれど、こんなに幸せだったんだ！」と気づきました。

**そして毎日感謝を書き続けて、さらに1カ月間経った頃、「外に出てみたい」と思ったのです。**

それまでは人の目が怖いと感じ、霊能力があるため霊や悪魔なども見えてしまうので、ずっと家に引きこもっていたのです。

でも思い切って外に出て、空を見上げたら青空で、「外の世界ってこんなにきれいだったかな」「太陽ってこんなに眩しかったっけ」と感動して、涙が止まらなくなりました。

家に帰った後で、天が送ってくれた、**「感謝を探せばあなたは変わり、人を救う流れが来る」**というメッセージを思い出しました。

そして、「私が人を救えるとしたら、隠していた霊能力を使ったほうが良いのかもしれない」と思いました。そうして私は霊能力の力を人を救うために使い始め、今では大変多くのお客様に恵まれ、その方々の幸せをお祈りしています。

天はこの顛末《てんまつ》まで最初からご存じであったのでしょう。

自分にない才能を持つ人に出会うと、羨ましくなることがあるかもしれません。人間ですから当然の感情です。

しかし、**あなたにしかない才能も必ずある**のです。

いっぽうで、才能とはどのようなものも常に良い面も悪い面もあるものです。

私の霊能力という能力は、先述しましたように、地球規模・宇宙規模の歪《ひず》みまで感じ取り、異変があればその苦しさをダイレクトに感じ取ってしまいます。災害や厄災があると、その悪いエネルギーが宇宙の歪みになっていくのを感じて恐ろしさも感じます。そこで苦しむ方々の苦しさを感じます。

けれど、悪い話ばかりではないのです。人の優しさや幸せを私も感じることができます。心地好いエネルギーを持つ方に出会うと、私まで心地好く、うれしくなります。ポジティブもネガティブも強く感じるのが私の力であり、私の素敵な個性だと気づくことができました。私と出会った方が元気になり喜んでくださることが、私自身の喜びに変わる毎日で、今私は、とても幸せです。人生を諦めず、生きていて本当に良かったと心から思えるようになりました。

そうして私は、**自分自身に抱える最大のコンプレックスを受け入れる**ことができました。

人それぞれ抱えるものは違うと思います。

根深いものもあるでしょう。しかし、**コンプレックスに向き合うために必要なのは、「感謝」**だと思うのです。ここでは、少しずつでも自分自身への感謝を見つけるための方法をご紹介させていただきます。

# 感謝ノートをつけてみよう

まずおすすめしますのは、私自身もつけていました「**感謝ノート**」です。

感謝ノートは、できれば毎日、1日の終わりにつけてみましょう。

どのようなノートでもかまいません。気がついた時だけでも良いので、その日に感謝できたことを探してつけてみましょう。

最初は難しいかもしれませんが、「今日も元気に歩くことができた」「道端の花がきれいだった」などちょっとしたことでも良いのです。

書く習慣を続けるうちに、やがて感謝があふれてくるようになります。

先ほど述べましたように、私自身も、最初は書くことにとても苦労しました。

悪態をつきながら書いていたこともありました。

けれど、大事なことは、諦めないこと、投げ出さないことです。最初は悪態でも良いのです。ノートに自分の気持ちを書くところから始めましょう。そうする中でぽつぽつと、感謝の言葉も浮かんできます。

また、78ページの「魂ノート」にメモ欄を用意しています。ここに、チェックシートを行う中で心に浮かんだ感謝の気持ちを書き込むのも良いでしょう。

**感謝には高い波動が含まれていますので、感謝を続けて感謝できる心が身につくと、運気が上がるようになるのです。**

ですから私も変わることができたのです。

# お金に悩まない人生と成功に必ず必要なこと

お金に悩む方は大変多くいらっしゃるでしょう。「経営が厳しく売上を上げたい」「借金で首が回らない」「お金がほしい」「金運ってどうしたら上がるのですか」という相談を山ほどいただきます。

**生きることとお金は今の時代は切っても切れない関係にあります。**

まず、最初は「**金運とは何か**」を理解することが大切です。

多くの方が金運について考える時、単にお金がたくさん入ってくることを思い浮かべますが、そうではありません。

**お金に対する考え方や行動が金運を引き寄せるかどうかが本質**です。

前の章で、「幸せになることとお金がたくさんあること」は関係がないという お話をしましたね。私たちはお金を使うことで、生活が豊かになり、やりたいことができるようになります。例えば、学びたいことを学び、ほしいものを手に入れ、旅行に行くことができるようになりますね。

しかし、金運が低いと、いくら働いてもお金が貯まらず、いくらお金をたくさん持っている人でも、どんどん浪費してしまうことがあります。

**お金は不思議なものです。意外かもしれませんが、お金に執着しすぎると金運は逃げていきます。**多くの方が「お金がほしい」「どうすればもっと稼げるのか」と考えていますが、これは逆効果です。

**お金を引き寄せるには、「お金に感謝し、自然な流れで入ってくる」という心が大切です。**お金にはそのような特性があります。まずはこの特性をよく覚えておきましょう。

感謝は、お金に困らなくなる絶対条件です。

どんなに頭が良く、恵まれた環境にあったとしても、感謝なくしてはお金も成功も寄ってこないのです。

ですから、もしお仕事でも経営でも、「売上を上げたい」「成功したい」と思うのなら**究極的には、「お金がほしい」という欲を一度忘れ、頭から取り除く**のです。その代わりに感謝を根底にして生きてみましょう。

生きる中で私たちは必ずお金を使います。ですから、お金を意識せずともお金に感謝が伝わる機会は豊富にあり、お金を意識せずとも金運が上がっていくのはこのような仕組みなのです。

金運を上げるために最も大切なのは、仕事に対する姿勢です。

お金を稼ぐ手段として仕事を考えるのではなく、「誰かの役に立ち、喜びを与える」という視点で仕事に向き合うことが重要です。

「自分の仕事がどのように役立っているのか」を考えると、仕事そのものに良いエネルギーが生まれます。

その結果、自然と金運が高まり、収入にも良い影響を与えるでしょう。

もしあなたが主婦であっても同じです。家族のために愛を持ってお金を使っていれば、あなたの家族はお金に困ることはありません。

経営者であれば、売上アップよりも先に考えなければいけないのは、お客様の気持ちです。どうやってお客様に喜んでもらえるか、助けられるかをとことん考えることで必ず経営は上手く回っていきます。

勤め人であれば、会社のため社会のために働くことで、上司からの評価も上がり、お給料も自然と上がっていくでしょう。


これはこの先の人間関係の項目でもお話ししますが、「まずはあなたが変わること」です。**人を変えず、あなた自身が愛で変わろうとしてみましょう。**

以前私の元に相談に来てくださった方は、お給料がいつまでも上がらず、転職するか悩んでいました。今の環境で働き続けても、上司が自分の能力を正当に評価してくれないので転職したい、と文句がつきない様子でした。

そこで私は、「仕事ができること、それ自体への感謝をしてみてください。上司の良いところを探して、上司へも感謝の気持ちを抱いて仕事をしてみてください。仕事ができてお給料をもらえる、それ自体が素晴らしいことですよ」とお伝えしました。そうしましたら、それまで目をかけてくれなかった上司がその人のことを良く見てくれるようになったのです。

自然と評価は上がり、昇級試験に合格してお給料もアップ。その方は、**成功とお金を両方ともいっぺんにつかんだ**のです。お金を一度忘れるというのは、一見すると遠回りなことですが、実はそれこそが大切なのです。

そうして見てみると、お金の周りには、自分だけでなく、たくさんの人の頑張りと思いがあることがわかるはずです。

金運を上げるためには、感謝の気持ちが欠かせません。

**お金を使う時には、関わっている方たちを思い出し、「ありがとう」と心の中で言ってみてください。**

買い物をする際にも、その商品を作ってくれた人や、販売してくれた店員さんに感謝しましょう。感謝の気持ちが波動を高め、金運を向上させます。

特に、お支払いをする際には丁寧にお金を扱いましょう。

お金を雑に扱ったり、店員さんに無愛想にしたりするのではなく、感謝の気持ちを込めてお金を使うことが大切です。

こうした小さな行動の積み重ねが、金運を大きく変えるのです。

## お財布の浄化の重要性

お金には感謝が大切というお話をしましたが、金運を上げるために知っておくと良いさまざまな「技」もあります。「技」を求められる方はたくさんいらっしゃるのでここでご紹介しますが、この本で何度もお伝えしていますように大切なのは「心技体」で、「心」が最も大切です。ですから、ここでお伝えする「技」は「心」をよく受け止めた後で行ってくださいね。

**金運アップに大切な「お財布の浄化」についてご紹介します。**私たちは日々の生活の中で、お金を管理するためにお財布を使っていますね。そのお財布にも「波動」があることをご存じでしょうか？

波動の高いお財布を持つことは、金運を上げるために非常に効果的です。

私のカウンセリングでお会計をする際に、多くの方がお財布を出されます。その瞬間、お財布の波動が見えてしまうことがあります。

お財布にはそれぞれ固有の波動があり、お財布の波動が低いとお金の巡りも悪くなることがあるのです。お財布のブランドや色ではなく、お財布の「状態」が金運に大きく影響するのです。

ですから、金運を上げるお財布の整え方を知っておくと良いでしょう。

◇◇◇◇◇◇◇◇◇◇◇◇◇◇◇◇◇◇◇◇◇◇◇◇◇◇◇◇◇◇◇◇◇◇◇◇◇◇◇

①お札の向きを揃《そろ》える

お札を取り出し、その向きを整えましょう。お札の顔が全て同じ方向を向いているようにしてください。これは、金運の流れをスムーズにするためです。

②レシートや不要なものを取り除く

お財布に溜まっているレシートや、使わないカードはすぐに整理しましょう。レシートや不要なものが詰まっていると、お財布の波動が乱れ、結果として金運も低下してしまいます。

③小銭も整理する

小銭もきちんと整理し、お財布の中にゴミや不要なものが入っていないか確認してください。清潔で整った状態のお財布は、それ自体が金運を引き寄せるエネルギーを持ちます。

④お財布への感謝

お財布は私たちのお金を守ってくれる大切な存在です。お金に感謝する気持ちを持つことが、金運を上げるために欠かせません。お金を使う時には「ありがとう」と感謝の気持ちを伝え、お財布を浄化することも忘れないでください。

金運を上げるためには、まず心を穏やかに保ち、お財布を整えることが大切です。お財布に感謝し、日々の整理整頓を心がけることで、金運は自然と上がっていくでしょう。今回ご紹介した方法をぜひ実践してみてください。きっと良い変化が訪れるはずです。

## 深呼吸を深く味わってみよう

感謝の気持ちに気づくためには、普段当たり前だと思っていることを改めて味わってみることもおすすめです。

ぜひ、次のやり方を試してみていただきたいと思います。

自分のペースでゆったりと、穏やかに深呼吸をしましょう。

鼻から息を吸って、口から吐きます。

呼吸の音が荒くならないよう、心地の好い深さで良いのです。

理想は無の境地になることですが、思考や悩みが出てきても大丈夫。

そのうち落ち着いてくると何も考えないでいられるようになります。


心がとても心地好い空間になってきます。

ゆったりと呼吸の気持ち良さを味わってみましょう。


**私たちが当たり前のようにする深呼吸は、当たり前ではありません。**

私は毎日亡くなっている方と会話をします。

いろいろな方が、亡くなったことに対して悔しくて悲しくて辛くて、霊となって彷徨っています。もちろん、成仏をして安らかに天国に逝かれる方も多くいます。事故で突然亡くなった方、自ら命を絶った方、病気で亡くなった方……いろいろな思いを抱えた霊がいます。

「生まれ変わりたい」「生き返らせてくれ」と言う方もいます。

**その方たちは深呼吸しようとしてもできません。**

肉体がないからです。私は亡くなった方の感覚がわかるので、練炭で自ら命を絶った方や、火災で亡くなった方の体感も味わったことがありますが、その感覚というのは、本当に苦しいものです。

生きていても自分で呼吸できない方もいます。

私のお客さまには呼吸器を付けてカウンセリングを受ける方もいますが、その方は、呼吸器がないと呼吸が止まってしまうのです。

**私たちが今普通にしている深呼吸は、当たり前のことではないのです。**

どうかそのことを忘れないでください。

また、私たちが今、普通に深呼吸ができるのは、空気のバランスが整っているからでもあります。植物が光合成をして酸素を吐いてくれて、私たちが吐いた二酸化炭素を吸収してくれているおかげです。この地球は素晴らしい星なのです。

そしてあらゆる生も、いつか必ず終わりを迎えます。死を迎えれば、これまで当たり前のようにしていた深呼吸もできなくなります。

**呼吸1つをとっても、たくさんの奇跡が合わさっていることがわかります。**

ありがたい気持ちで深呼吸をしてみましょう。

今日は今日で終わります。
今日という日は最初で最後です。
毎日どんどん墓場に近づいていくのです。
死を迎えるまでにあと、何回深呼吸ができるでしょう?

今起きていることが当たり前ではないということに気づいた方から、特別なことが起こらなくても、生きて呼吸ができていること1つをとっても、「うれしい」と思えるでしょう。何気ない1日が感動の1日に変わるでしょう。

# 毎日頑張っている自分にも、ありがとうと伝えてみよう

皆、毎日頑張っています。人生でいろいろなことがあったとしても、あなたは今生きて頑張っていますよね。

私たちは誰でも認めてもらいたい、褒めてもらいたいと思っています。

しかし、なかなか皆が人から褒めてもらったり、ありがとうと言ってもらったりできないものですよね。

それでも、自分は知っているはずですよ。あなたが今日も頑張って生きていることを。いろいろな辛いことがあっても歯を食いしばっていることを。本当は逃げたいことがあったことも、**あなたはあなたのことを、全部知っています。**

ですから、頑張っている自分に感謝をしてください。

「ありがとう」を伝えてあげてください。「〇〇（自分の名前）、あなたが大好きよ。ここまでよく頑張ってきているよ。ありがとう」と伝えてあげるのです。

「自分のことが嫌い」「上手く生きられない自分が許せない」と思っている方もいらっしゃるかもしれません。

でもそんな自分も愛して、許そうとしてみてください。


あなたは頑張り屋さんです。

そうでなければ、この本に出合わなかったはずです。

私にも出合わなかったはずです。

あなたは、幸せになりたいと思って頑張ってきたのですから。

**あなたはこの本に出合うまで、逃げなかったのです。**

**諦めなかったのです。**


その自分をどうか、褒めてあげてほしいと思います。

頑張ってくれてありがとう、と笑顔で言ってほしいのです。

あなたの魂は、その優しい心の声を全て聞いてくれていますから。

## 休みなく働き続けてくれる、自分の身体と細胞に感謝

私は人様の臓器や細胞をスピリチュアル的に見て、感じることができます。

魂が傷み、疲弊した状態では臓器や細胞も疲弊しています。魂が元気な状態で身体にしっかり入った状態では、臓器や細胞も生き生きしてくれます。

私は医師ではないのでもちろん医療行為はできませんが、魂の痛みを取り、身体に魂を戻すことと、ヒーリングすることで、身体が楽になったと感じられる方はたくさんいます。

私が見ると、調子が悪い時、臓器は泣いて見えるときがあるのです。

あるお客様で、お酒を浴びるようにたくさん飲んでいた方の肝臓を見たら、そ

の方の肝臓が、ひどく泣いていたのです。その方に、「肝臓が泣いていますから大切にしてくださいね」とお伝えすると、その方は「肝臓が泣いているんですか？」ととてもびっくりされていました。ですがその方はそれからお酒を節制するようになり、とても元気になったとおっしゃられていました。

元気でいるためには、自分の身体や臓器や細胞たちに、「いつも頑張ってくれてありがとう」と感謝することも大切です。

**臓器や細胞は、一生休むことなく働いてくれています。どうかその臓器や細胞たちに愛を送ってあげてください。**

## 「親が嫌い」という気持ちとの向き合い方

私がお店でいただく相談の中でも一番多いのが人間関係の相談です。本当にたくさんの方が人間関係に悩み、特に両親との関係に悩んでいます。

ここではその、親との向き合い方についてお話をします。


大切なことは、たとえ相手が親であっても、それは自分とは違う別の人であり、1人の人間であり、人間関係があるということです。

親というのは最も自分と近い関係の人間の1人ですから、ついつい理想を押し付けたり、万能であるように思ってしまったりするものです。

ですが、**相手を変えようと思ってはいけません。**


あらゆる人間関係で気をつけなければいけないことと同じように、相手を変えようと思っているうちは、相手は変わることはありません。

けれど、あなたが変われば、相手も必ず変わるのです。

あなたが相手にしたことはあなたに返ってきます。

ですから、優しい行いをしましょう。感謝をしましょう。

そうすれば相手からも優しさと感謝が返ってくるのです。

**親も、1人の未熟な人間**なのです。

「親が嫌い」「子どもの頃に虐待されて恨んでいる」という方もいらっしゃると思います。**お父さんお母さんも未熟な人間で、親だからといって、完璧なわけではありません。**

彼らだって、そのまた親からじゅうぶんに愛を感じられずに育ったのかもしれません。親自身、自分が「子どもから愛されていない」「反抗されている」と悩んでいるかもしれません。

皆が手探りの状態で子育てをしているのです。親からの愛を感じられないまま、自分の子どもに愛を与えなければならないことに苦しむ方もいらっしゃるでしょう。自分が親に感じていたような嫌悪感を、自分も子どもに与えてしまうことだってあります。もしもその相手が友達だったら仕方ないと思えても、親子関係だと思うと許せないこともありますよね。

家族皆が幸せで、皆が笑っていて、皆優しいのなら、家族から幸せを学ぶこともできたかもしれません。

けれど、幸せではないと感じる家庭の中からでも、必ず愛と強さを学べます。

「なぜこんな家族なんだろう」と思っているその家族は、あなたが愛と強さを学ぶための最高のメンバーとして設定されているのです。絶対です。

「親だから感謝しなくてはいけない」「親子だから離れることができない」と苦しくなっている方もいます。親のことをどんなふうに思ったとしても、離れようと縁を切ろうと良いのです。**その親からどう愛と強さを学ぶかが大切です。**

**それでも、大前提となるゆるぎない事実があります。それは、あなたが今ここに存在できているのは、確実に親のおかげだということです。**

性格は嫌いでも、命をくださったことに関してはありがとう、と思えると、いつの日か許しの気持ちが出てくるかもしれません。

# 寿命で死を迎えることを安心してとらえてみよう

一般に、生きていることが良いものとしてとらえられやすい半面、死ぬことはネガティブなことで、悲しい、怖いイメージを持っている方が多いと思います。

**ですが、死ぬことは怖いことではありませんし、ネガティブなことでもありません。**私は、人間が死んだ後に魂が行く先である天国を何度も見に行ったことがあります。お客様をお祓いしている最中に、霊に連れられて天国に連れていかれたり、意識が遠のいて天国を彷徨ったりしたこともあります。

**天国を覗《のぞ》いた時に感じたのは、「とても心地が好い」ということでした。**生きてきたご褒美が、天国なのだなとわかりました。

それでもふと、今までお世話になった方たちの顔がたくさん頭に浮かんできた時に「あなたは頑張ったよ」という声が聞こえたのですが、「ちょっと待って、これはまだ、違うかもしれない」と思い、我に返ると、現実に戻ることができました。

そうして私は今もこの世に生きているわけですが、何度も天国を見てわかったのは、そこが素晴らしく温かい世界だということです。それまでの人生が報われた気持ちになりますし、寂しさや悲しさなどはありません。

私は天国にいる方ともお話ができます。

お客様に頼まれて、天国にいるご家族やペットを呼ぶこともあります。

**この世に生きている私たちは、肉体があることが全てだと思い込んでいますが、そうではありません。**

なぜ私が肉体を失い死を迎えた後の方と、人でもペットでも、お話ができ、意思疎通ができるかというと、それは、魂が永遠に生き続けているからです。

ですから亡くなってからも、親が子どもに優しいメッセージを伝えていらっしゃったり、守り続けていらっしゃったりすることはあるのです。

私は、亡くなってもなお、愛情はそのままだと感じたことが何度もあります。**魂は永遠なのだと知り、感謝します。**

もちろん生きている間にしか挑戦できないこともあります。だからこそ、死んで天国に行くことは怖くない、ということをわかったうえで安心して、本気でこの世で生き切ってもらいたいと思っています。あなたの愛しい人に、たとえ死が訪れたとしても、それは「今世」のお別れにすぎないのです。死は、人生最大の「卒業式」なのです。

## 両親、ご先祖様に愛を伝えましょう

「ご先祖様や両親のお墓を探しているけれど、見つからない」「先祖代々のお墓を取り壊ししたい」「引っ越してお墓がとても遠くなってしまう」……など、お墓について悩んでいる方も多いと思います。

実はお墓のその場所には、ご先祖様の魂はいません。

お墓は、ご先祖様の魂と今生きているご家族をつながりやすくするための場ではあります。お墓は生きている方が、ご先祖様に思いを馳せたり、感謝を伝えたりするためにあるものです。

ですから、お墓が見つからなければ樹木葬や海洋散骨をしても、永代供養をしても良いのです。行ける時に行ける方が行けば良いと私は思っています。


**先祖供養で大切なのは、真心でご先祖様とつながることです。**


私は自分のカウンセリングルームから、お客様のご先祖様とつながることができます。そして霊能力がない方でも、お墓に行かなくても、真心を込めれば、亡くなった方の魂とつながることができます。

ずっとお墓参りができていない方から、「私はご先祖様から恨まれていませんか?」と聞かれることがあります。

お墓を継いでくれる方がおらず、やむを得ず墓じまいをしたいが、「ご先祖様が悲しんでいるのではないでしょうか」と聞かれることもあります。
でも彼らのご先祖様に直接聞いてみると、大半の方は同じ答えを言います。
「生きている人ができないものを、やれとは言わない」と。

亡くなったご先祖様たちも、生きている間にはいろいろな経験をして、毎日大変だったり、忙しかったりすることを知っています。

子孫が一生懸命生きることができていて、その中で遠くへ引っ越したり、お墓を継ぐ人がいなくなったりした時に、それでもどうしてもお墓を守ってくれ、と言うことはほぼありません。

お墓参りにプレッシャーを感じるのではなく、ご先祖様のことを思い出して、真心を込めて「ありがとう」と伝えれば良いのです。

**今、自分が生きていられるのは、親がいて、その親にも親がいて、さらにその親にも親がいて……そうした命の連綿としたつながりがあるからこそです。**

そのうちの1人でも欠けていたら、自分はいなかったのです。

奇跡的にご先祖様同士が出会ってくれて、あなたが生まれたのです。

そのことに感謝の気持ちを伝えましょう。


ただ、私は「お墓に行かなくても大丈夫」と言いたいわけではありません。

行ける方は行ける時にお墓参りをしましょう。

ご先祖様は、**あなたがお墓に来たからではなくて、自分のことを思ってお墓まで来てくれたという気持ちを喜んでくれるから**です。

あなたもお墓参りに行く時は、いつも以上にご先祖様のことを考えたり、感謝があふれたりするでしょう。その感情を知っているはずです。

その優しい思いがとても大切なのです。

お墓参りに行くその心が一番大切だということを、忘れてはいけないのです。

ご先祖様と真心でつながり、喜んでくだされば、自分もうれしくなりますよね。

そのうれしさがまたご先祖さまにも伝わって、「ありがとう」の気持ちが返ってくると、あなたの心はますますポジティブになっていきます。

ご先祖様がご家族の後ろに立たれて、笑ってこちらを見ている姿を、私は今までにもたくさん見てきました。

それが守護霊と呼ばれるものです。ありがたいですね。あなたの背後にぬくもりを感じたとしたら、それは、あなたを愛して守ってくださるご先祖様なのです。

そのことを信じてみてください。頑張る勇気となるはずです。

## あなたは最高！ というエネルギーをこの手から注入します

**私の右手には、エネルギーを注入する役割があります。**この本の最初で、左手を使って魂の痛みを取り、浄化することをしていただきました。

そのうえで、本の内容を実践して、愛と強さを学んでここまで来られたあなたは、自分を愛し、人のことも愛せるようになったのではないかと思います。

ここでさらに、「あなたは最高だよ」というエネルギーを、私の右手で入れさせていただきますね。


次のページに、私の右手の手形を用意しました。

深呼吸しながら落ち着いて、この手をずっと見ていてください。

そして、この右手からあなたの左胸と右胸の間にある魂に、愛のエネルギーが注入されていくのを感じましょう。


私の右手には、プラス要因を引き出す役割があります。

そして、パワーを送る力が強くあります。

プラス要因というのは、元気な気持ち、笑顔、落ち着き、穏やかさ、癒し、活力、自信、やる気、思いやり、優しさ、愛、包容力、安心感……などのポジティブな感情です。次のようにしてください。

◇◇◇◇◇◇◇◇◇◇◇◇◇◇◇◇◇◇◇◇◇◇◇◇◇◇◇◇◇◇◇◇◇◇◇◇◇◇◇◇

①私の右手の手形に、あなたの右手を重ね合わせてください。

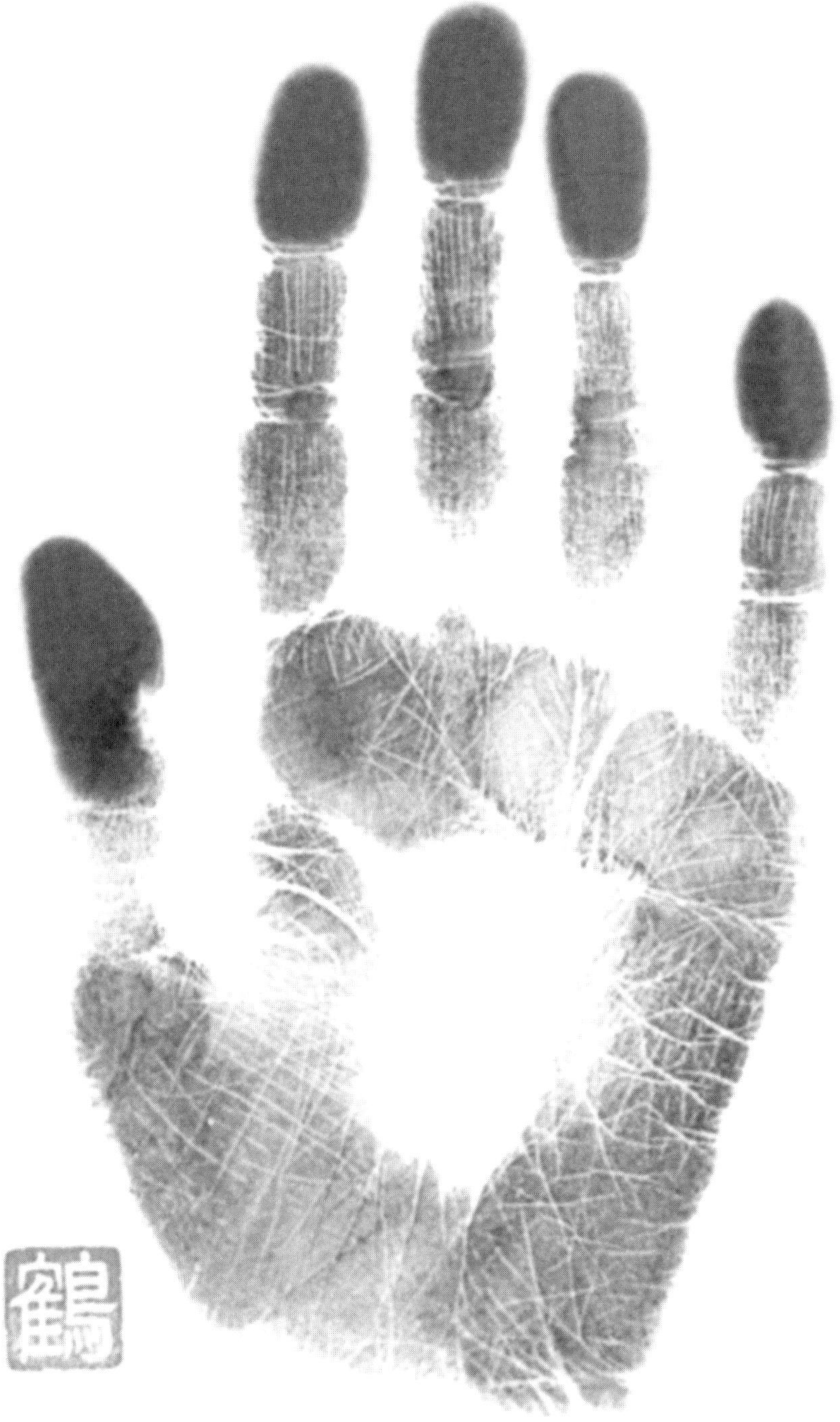
鶴

②目を瞑ってください。
③心を落ち着かせるために、ゆったりとした気持ちで深呼吸をします。
④この手形に意識を持っていき、「どうか、自分の心にポジティブな情報を送ってください。お願いします」と、私の手形にお願いをします。
⑤どんどんポジティブに明るい気持ちになっていることを、ご自身でもイメージをしていきます。
⑥「必ず、素敵な人生にするぞ！」という思いを忘れずに、ポジティブな感情をもらってください。
⑦心が落ち着いてきたなと思ったら、手を離してください。
「幸せを手に入れる！　絶対、私の人生には笑顔があふれる！」と信じながら行いましょう。

# 亡くなられた方に祈りを捧げる

さて、この本も、いよいよ最後の項目です。

ここで私は、亡くなられた方々への祈りをお伝えしたいと思っています。**ぜひ、これを読んでくださっている皆さまと一緒に、祈りたい**と思っています。

今、この本を私が書いているのは2024年です。人類の先祖であるホモサピエンスの種がこの地球に誕生してから数十万年が経っていると言われています。その間、どれだけたくさんの方々が生まれ、生きたでしょう。私たちが今を生きる礎《いしずえ》を築いてくださったでしょう。**どれだけたくさんの人生があったでしょうか。**

**ご先祖様あって、偉人たちの功績あって、今、自分がこのような形で生きていられることについて、考えてみましょう。**

第2章で、亡くなられた方に祈りを捧げることを、皆さんと一緒に行いたいとお話をしました。

最後の章である今、皆さまの魂はこの話ができるレベルに高まっているでしょう。私は毎日、亡くなった後も天国に逝けないで彷徨っている方々にお会いします。それぞれ皆さんには死を受け入れられない理由があります。それは、世界中にたくさんいらっしゃいます。

亡くなられている方々の中には、戦争時に亡くなった方、天災で亡くなった方、知らない方でも、未だ彷徨っている方など、まだ世界中に浮かばれない方がたくさんいらっしゃいます。

そのような当たり前のことでも、普段意識することは少ないのではないでしょうか。ですから、皆さまにその方々の存在を知っていただいて、そのような方々へも合掌して愛で祈ることを全世界の皆さんでしていきたいと思っています。

**私1人では足りない力を皆さんと一緒に行いたいと思っています。**

私が祈りを捧げている写真を214ページに貼ります。

どうか皆さまも一緒に合掌していただきたいと思うのです。

亡くなられている方々があって、今の私たちが存在します。その心なくして、自分だけが幸せになるなど、ありえないなと思っているのです。

突然、亡くなられた方から声が聞こえてくることがあります。

「苦しい」「助けてください」「死にたくない」「悔しい」「悲しい」

……と、言われることがあります。

亡くなられたシーンが見え、一緒に涙することも多々あります。

私の知らない時代、知らない方々が、このような思いで亡くなられたのかと、現実の厳しさや過酷さを知り、辛くなる時もあります。

**そのような方々へ祈りを捧げると、数年、何十年、何百年の歳月を経て、彷徨っていた方々は、やっと心が軽くなり、天国へと旅立っていくのを感じます。**そして、その時に、亡くなった方から笑顔で感謝の思いを伝えていただきます。

また、すでに天国に逝かれている方へのご供養をしますと、天国に逝かれている方々でも、大変喜んでくださることが私にはよく伝わります。

祈りは、亡くなられている方に霊能力があるないに関係なく、思いやりと優しさで届くものです。


**亡くなられた方の心の浄化は、私たちの愛で行うことができます。**


また、今現在、飢えに苦しんでいる方、病気で苦しんでいる方、大切な方を亡くした悲しみで立ち上がれない方、戦争の恐怖の中で震えている方……など、世界中には、絶望の中で生きている方もたくさんいらっしゃいます。

世界中の辛く悲しい感情などは、世界中にマイナスの波動となります。災難そのものが悪いのではなく、受難した方々から発せられる苦しい、辛いといった感情が波動するのです。国も時間も超えて私はこの痛みを受け取っています。

このマイナスはやがて宇宙全体の歪みにもなります。「はじめに」でお伝えしましたように、近年立て続けに発生している未曾有の事態といったように、マイナスがこの地球と宇宙に与える影響を想像してしまいます。

私はその波動を感じて、身体がミシミシと痛く息苦しくなり倒れそうになるのです。

私は、そのような時も祈ります。すると、祈りが誰かに届き少し楽になります。祈りは必ず〝誰か〟に届くのですよ。

**生きている人が祈ると、それがたとえ知らない方でも、誰かの元に、その優しい祈りが届くものです。そして、その方の心の浄化が施されるのです。あなたの祈りが世界を変えます。ここで一緒に悪い状態を食い止めましょう。**

亡くなられた方々だけではなく、今、辛い思いをしている方々へ、私たちができる愛の行動が求められていると思います。

私たちにできる支援や小さな手を差し伸べる行動を1人ひとりがすることで、誰かが救われ、世界の波動や気に変化が起こります。

世界中の存在するものたちに、あなたの愛の祈りを捧げることで、生きやすい世の中を作ることができるのです。世界中を愛の思いで包み込むためには、私1

人では及ばない壮大な力が必要なのです。

**ですから、一緒に祈りを捧げませんか？**

あなたが今、ここに存在しているのは、誰かのおかげなのですから。
祈りの浄化は回り回って、あなたの幸せにもつながります。
誰かのために、世界のために、この宇宙に生まれた生と死ある全ての方々のために、あなたの愛の祈りをくださいね……。

ただただ
ありがとう
たづ

# おわりに

**左手の浄化に始まり、右手のエネルギー注入を通じて、祈りに終わるこの本。**
**皆さま、いかがでしたでしょうか。**

最初から最後まで繰り返し読んで実践していただければ、どんどん最高の人生に近づいていくのは間違いありません。

また、仕事で大切な商談がある前や、家族と大切な話をしたい時などに、さっと左手で浄化し、右手でエネルギー注入をしてから臨むことで、自分らしい振る舞いや言葉が出てきて、良い結果が得られる力になるでしょう。

その時々に気になった項目を読むだけでも役立ちますから、朝、ページを決めずにパッと開いて、目に入った言葉を意識しながら1日を過ごしてみることにも意味があります。

さて、この本も最後ですので、私の生い立ちについてもお話しさせていただきますね。

冒頭にもある通り、私は沖縄の琉球王国の王様がご先祖様にいて、母方がユタの家系です。その影響もあってか、幼い頃から皆を救いたいという気持ちが強く、霊能力もあったので、小学校の頃から皆の相談を受けてアドバイスしたりしていました。いっぽうで、密かにいつも、「宇宙に帰りたい」と思っていました。外に出たら空を見上げて、「お願いです、早く迎えに来てください」とずっと言い続けていたのです。『竹取物語』を初めて読んだ時に、「かぐや姫が羨ましい」と思った記憶もあります。

どこかで、「私は間違った世界に来てしまった」と思っていたのです。

けれど、私は今この地球に生を享けて、生きています。

それは必ず意味のあることなのだとはっきり私はわかっています。


**私たちは、とても幸せな時代に生きています。**

**過去の偉人たちが発見した偉大なる知恵を、本という形で、鮮やで新鮮なままに、読み、その知恵を受け継ぐことができるのですから。**

たとえ寿命を終え、肉体がなくなってしまったとしても、そこで思いが途絶えることはないのです。ですから私は、この命を意味のあるものとして、この世に残したいと思うのです。

この本を読んでくださった方が、この本から少しでも何かを受け取ってくださり、辛かった人生が楽しいものに変わっていったら、それはとてもうれしいことだと思ったのです。もしそれが、私の寿命の後も続いていき、思いの灯がどんどん受け継がれ、広がっていったら、それ以上の幸せはないとも思いました。

私は今、とても幸せです。誰でも幸せになれるのです。

ですから、もしあなたが今苦しい人生を送っていると思っているなら、そこから卒業して、本当に自分らしく生きることができたら、最高ですね。

私はいつでもあなたの味方です。

私の意識は天とつながっていて、あなたを幸せに導くメッセージをキャッチしています。天はまるで優秀な家庭教師のように、絶好のタイミングで、あなたが向き合うべき課題を送ってくださっています。

「辛いことばかりなのに、そんなわけない」「私には関係のない話だ」と思っているかもしれません。けれど、**あなたが今、たくさんの本の中からこの本を手に取っているということは、今、もっと幸せになるためにこの本の内容と向き合う、ベストなタイミングだということなのです。**

「袖振り合うも他生《たしょう》の縁」という諺《ことわざ》がありますね。どのように小さな出来事も偶然に起こるものはなく、全て深い縁で引き寄せられているのです。

すれ違うだけの人、道を聞くだけの人、挨拶を交わす程度の人だってご縁がありますし、語り合える人や愛し合える人は、本当に濃いご縁です。家族だってそうですよね。目の前に現れるもの全てがご縁のあるものであり、必然です。

私自身、この本を書く前からたくさんの出版のオファーがありましたが、ずっと断り続けていました。なぜなら、その時は心が動かなかったからです。

**ベストなタイミングとして出した本を、このタイミングであなたが手に取っていることは、絶対的に意味があってのことなのです。**


幸せになるのは簡単なことではありませんが、その方法はとってもシンプルだと、この本を通じて、あなたが少しでも気づいていただけたら私は幸せです。

あなたがこの本に書いてあることを実践していただき、幸せになれば、それはあなたの周りの人が幸せになることにもつながります。

幸せがどんどん伝染していくと、世界中を幸せにすることもできます。


最後に、運気を上げる一番大切なことをあなたにお伝えします。

この世界は、あなたが映し出している世界だと知ること。

あなたが悲しい気持ちでいれば、この世界は悲しく映り出すのです。

**あなたが自分を信じて笑顔で幸せを感じていれば、この世界はキラキラと輝き**

**あふれるものとして映し出されるのです。**

答えは、あなたの中に存在しているということ。
毎日、感謝にあふれ光り輝き、自分を信じて挑戦することです。
素晴らしい世界を目にすることが、あなたにはできるのです。
何も怖がらないで大丈夫です。
あなたを愛してくれる人、支えてくれる人、その中の1人が私です。
あなたは1人ではない。
今もこれからも、ずっとずっと、あなたを応援しています。

あなたがさらに輝くことを祈っています。
信じてください。
未来のあなたもとっても幸せそうな笑顔で生きていますから。

挑戦の人生、一生青春!!

頑張ってね！

この本に関わってくださった全ての方、私が生きる中で出会い、今の私を作り上げてくださった全ての方、この本を読んでくださったあなたに最大の愛を捧げます。

そして、父と母に何よりもの感謝を。

最愛の娘と息子に、ママの子どもとして生まれてきてくれてありがとう。ママが死を迎えた後も永遠に、あなたたちを愛していきます。なんにも寂しいことはないからね。笑っていてね。

この本を手に取っているだろう生まれ変わった未来の私へ。今、どのような気持ちでしょうか。次はあなたに託しましたよ。

全てに、ありがとう。

片山鶴子

あなたに出逢えて
本当に良かった
また必ず逢いましょう
約束です

鶴子

片山　鶴子（かたやま　たづこ）
スピリチュアルカウンセラー。株式会社片山鶴子事務所「TSURYU－鶴龍－」代表取締役。琉球王家の末裔の家系を持ち、霊能者（ユタ）の家系に生まれる。幼少期から強い霊感を持ち、その強い霊感による苦労を抱えてきた経験を活かし、カウンセリングを行う。カウンセリング実績は13年の経歴（2024年現在）で5万人を超える。
YouTube : tazu0713
Instagram : tazuko.katayama

現実《げんじつ》が瞬《また》く間《ま》に好転《こうてん》する
# 浄化《じょうか》の力《ちから》

2024年10月18日　初版発行
2025年 5 月30日　 4 版発行

著者／片山《かたやま》 鶴子《たづこ》

発行者／山下 直久

発行／株式会社KADOKAWA
〒102-8177　東京都千代田区富士見2-13-3
電話 0570-002-301（ナビダイヤル）

印刷所／株式会社ＤＮＰ出版プロダクツ
製本所／株式会社ＤＮＰ出版プロダクツ


ISBN 978-4-04-607165-1　C0095